Simona Bianconi

Di chi tiene la penna:
immagini di scrittori e scrittura nel romanzo italiano dal 1911 al 1942

Letture da Vivanti, Pirandello, Jolanda, Svevo, Moravia, Campanile

Simona Bianconi

DI CHI TIENE LA PENNA:
IMMAGINI DI SCRITTORI E SCRITTURA NEL ROMANZO ITALIANO DAL 1911 AL 1942

Letture da Vivanti, Pirandello, Jolanda, Svevo, Moravia, Campanile

ibidem-Verlag
Stuttgart

Bibliografische Information der Deutschen Nationalbibliothek
Die Deutsche Nationalbibliothek verzeichnet diese Publikation in der Deutschen Nationalbibliografie; detaillierte bibliografische Daten sind im Internet über http://dnb.d-nb.de abrufbar.

Bibliographic information published by the Deutsche Nationalbibliothek
Die Deutsche Nationalbibliothek lists this publication in the Deutsche Nationalbibliografie; detailed bibliographic data are available in the Internet at http://dnb.d-nb.de.

∞
Gedruckt auf alterungsbeständigem, säurefreien Papier
Printed on acid-free paper

ISBN-13: 978-3-8382-0469-7

© *ibidem*-Verlag
Stuttgart 2014

Alle Rechte vorbehalten

Das Werk einschließlich aller seiner Teile ist urheberrechtlich geschützt. Jede Verwertung außerhalb der engen Grenzen des Urheberrechtsgesetzes ist ohne Zustimmung des Verlages unzulässig und strafbar. Dies gilt insbesondere für Vervielfältigungen, Übersetzungen, Mikroverfilmungen und elektronische Speicherformen sowie die Einspeicherung und Verarbeitung in elektronischen Systemen.

All rights reserved. No part of this publication may be reproduced, stored in or introduced into a retrieval system, or transmitted, in any form, or by any means (electronic, mechanical, photocopying, recording or otherwise) without the prior written permission of the publisher. Any person who does any unauthorized act in relation to this publication may be liable to criminal prosecution and civil claims for damages.

Printed in Germany

Indice

Introduzione 7

1. **Sei personaggi per sei opere: storie di lotta e rinuncia, successo e mediocrità** 11

   1.1 Annie Vivanti: *I divoratori* (1911)

   Giovanna Desiderata (Nancy) Avory. L'epopea della rinuncia 15

   1.2 Luigi Pirandello: *Suo marito* (1911)

   Silvia Roncella. L'angustia della crisalide 18

   1.3 Jolanda: *La perla* (1916)

   Perla Bianco. La lotta per la penna 21

   1.4 Italo Svevo: *Senilità* (1927)

   Emilio Brentani. Coesione e falle della mediocrità 24

   1.5 Alberto Moravia: *L'amore coniugale* (1949)

   Silvio Baldeschi. Il libro della coppia 28

   1.6 Achille Campanile: *Il diario di Gino Cornabò* (1942)

   Gino Cornabò. Miti e abiti sdruciti 29

2. **Scrittori e opere in contesto** 35

   2.1 La pratica della scrittura tra supporto e distrazioni 35

   2.2 L'uomo dell'artista e la modella 63

   2.3 La creatura letteraria 79

       2.3.1 Il libro figlio 79

       2.3.2 Aspetti e temi dell'opera immaginaria 80

       2.3.3 La fortuna del testo immaginario 89

3. **Il destino sociale del personaggio scrittore** 93

   3.1 L'opera creativa della donna 93

       3.1.1 Il topos dell'esordiente 98

       3.1.2 Il frutto del lavoro e la soma del marito 101

    3.1.3   La femme est l'avenir des lettres 109

    3.1.4   Volle, fortissimamente volle 112

    3.1.5   Il sorriso di Mura 116

  3.2 Rivelazioni 120

4. Scrittura e identificazione 125

  4.1 L'occasione del riconoscimento (Nancy, Silvio) 126

  4.2 Il riflesso e le propaggini dell'inettitudine (Emilio, Gino) 128

  4.3 Storie di formazione continua (Silvia, Perla) 135

Conclusione 137

Bibliografia 141

  Testi narrativi esaminati 141

  Opere narrative consultate 141

  Opere saggistiche consultate 142

Introduzione

Mettere al mondo un figlio, scrivere un libro, piantare un albero?

Chi scrive un libro genera vita. Chi scrive di un autore e della sua scrittura arricchisce l'esperienza, grazie all'introduzione di un nuovo testo dall'accoglienza indiscussa. Corrobora la creazione chiamando in causa un proprio pari, con tutta la responsabilità che ne comporta l'inquadramento in un tessuto narrativo e in un sistema di personaggi; con la consapevolezza del suo destino di interazione con il lettore e della talvolta rischiosa acquisizione di una sostanziale indipendenza rispetto al testo principale. Il lettore può, in alcuni casi, arrivare a pensare alla vicenda del libro in se stessa, estrapolandola dalla trama in cui è compresa.

Questa condizione di privilegio è dovuta al fatto che lo scrittore è detentore di un potere magico nella comunicazione. È colui che va oltre le parole. Che lascia traccia definitiva di Sé. Come sostiene Claude-Edmonde Magny nella sua *Lettera sul potere di scrivere* indirizzata al giovane Jorge Semprún esule a Parigi, del febbraio 1943, "Scrivere è un'azione grave, e che non lascia indenne chi la pratica"[1]. Ciò è vero anche per lo scrittore inventato, che si appresta all'opera letteraria ponendo in gioco tutto se stesso. Inversamente, se si parla di prosa, il genere in cui si cimentano, anche se non esclusivamente, tutti gli autori delle fiction letterarie qui presentate, sempre con Magny, essa "non può fare a meno di portare con sé una greve massa di esperienza umana: le occorre essere radicata nell'umano, minacciata altrimenti di non essere affatto"[2]. Con le parole di Mario Perniola, "Mentre la poesia tende a separare nettamente la vita dalla letteratura, ad escludere completamente l'esperienza della ricerca dall'opera, il romanzo[3] tende a connetterli (sic) [...] erede del principio dell'espressione dell'io"[4]. E, ancora sulle due prospettive della poesia e della narrativa, "Mentre il narratore tende a concepire la propria attività come una *continuità di opere*, ciascuna delle quali è in rapporto con la precedente

---

[1] Magny, Claude-Edmonde, *Lettera sul potere di scrivere*, edizione italiana, Medusa, Milano 2005, p. 42.
[2] Ivi, p. 30.
[3] Corrisponde alla scelta tipologica più frequente nei testi in questione.
[4] Perniola, Mario, *Il metaromanzo*, Silva Editore, Milano 1966, p. 15.

e la seguente, il poeta considera ogni opera come un'entità a sé stante"[5]. Ecco dunque enucleato il legame inscindibile tra l'autore e la sua scrittura.

Nella lettera di Magny si individuano due requisiti fondamentali per la buona letteratura, qui utili in quanto strumenti interpretativi del carattere del personaggio autore: lo scrittore autentico non scivola troppo facilmente nell'imitazione e la sua opera ne è espressione[6]; "la letteratura è possibile solo al termine di una prima ascesi e come risultato di questo esercizio grazie al quale l'individuo trasforma e assimila ricordi dolorosi, mentre si va costruendo una personalità"[7].

Tali presupposti si estendono senza difficoltà al protagonista scrittore, la cui natura "artificiale" non impedisce di individuarne la forza attraverso l'interazione tra la storia psicologica e la scrittura.

In ultimo, poche delucidazioni su un approccio all'opera primaria che vuole mantenersi entro l'ambito del racconto.

Nonostante il fascino immediato esercitato dall'invenzione di un ambiente e di un processo creativo e la sempre facile tentazione dell'esegesi autobiografica che gli si connette, non si devono automaticamente cercare, in ciò che è frutto di pura costruzione, riflessi dell'immagine dell'autore di primo grado. Ne conseguirebbe una lettura di breve respiro, con al termine una serie di annotazioni nella logica binaria, fine a se stessa là dove non dettata da scopi specifici. È perciò fondamentale, nell'interpretazione, partire dalla rete dei personaggi e dalle modalità narrative della loro esistenza, dal momento che è questo "sistema" testuale ad offrire le maggiori risorse nella lettura.

Naturalmente la lettura dei testi va circoscritta.

Ambito dello studio è il romanzo, in virtù della sua accessibilità il genere letterario per eccellenza nel ventesimo secolo, quello attraverso il quale ha luogo più frequentemente il processo di comunicazione scrittore-lettore[8]. E quello in cui, come facilmente si intuisce, le immagini dell'autore e della sua scrittura risultano più nitide. Nell'esame ho escluso le biografie, come le autobiografie in senso stretto – nonostante le difficoltà della delimitazione del genere – né, come già osservato, mi soffermo sul livello di

---

[5] Ivi, p. 16.
[6] Magny, *Lettera sul potere di scrivere* cit., p. 18-20.
[7] Ivi, p. 26-27.
[8] Escarpit, Robert, *Succès et survie littéraires*, in Idem (a cura di), *Le littéraire et le social. Éléments pour une sociologie de la littérature*, Flammarion, Paris 1970, p. 129-163, p. 136.

autobiografismo presente. Un dato è innegabile: la stessa introduzione del personaggio scrittore come cardine della storia, a prescindere dagli sviluppi del tema, conferisce al romanzo un tratto autobiografico a priori.

Nello stringersi del cerchio, la scelta è poi ricaduta su alcuni testi italiani, con eventuali riferimenti ad opere precedenti, nello spazio cronologico tra il 1911 e il 1942; non esaminati in prospettiva storico-letteraria né specificamente alla luce delle caratteristiche tipologiche. Sullo sfondo della diffusione dell'istruzione tra la popolazione, dell'affermazione della letteratura di massa e dell'esplosione del romanzo, al centro dell'indagine è il motivo della scrittura vista nelle dinamiche della sua genesi e pratica; e dei suoi effetti, a partire da un'epoca segnata dall'aumento esponenziale del pubblico dei lettori – e delle lettrici.

Suggestivo è il caso dell'equa ripartizione dei sei protagonisti autori dei due sessi, con tre donne per i romanzi del periodo 1911-1916. Con la produzione di tutti i personaggi contrassegnata dalla predominanza della prosa. E comprensibilmente: la narrativa si connette alla ricerca individuale e dunque è atta a riprodurre i movimenti della coscienza dello scrittore[9]; per converso, la scelta del genere è parte integrante della definizione del personaggio stesso.

---

[9] Perniola, *Il metaromanzo* cit., p. 16,18.

1. Sei personaggi per sei opere: storie di lotta e rinuncia, successo e mediocrità

Nella presente lettura, l'attenzione si concentra sul protagonista-scrittore dei romanzi esaminati, a prescindere dalla figura dell'autore e da una precisa contestualizzazione storico-letteraria del testo principale. L'artista immaginario vive e si muove entro un "sistema" come un qualsiasi altro personaggio, prodotto e a sua volta artefice della creazione letteraria.

Al di là dei termini della sua costruzione, in virtù del suo sapere, e volere, prendere la parola autonomamente nel testo, lo scrittore vi assume sempre un rilievo eccezionale, che viene a sovrapporsi al privilegio intrinseco allo *status* di protagonista.

Un quasi-esempio per accrescere l'attesa.

Nel film muto *Malombra* del 1917, diretto da Carmine Gallone e tratto dall'omonimo romanzo decadente di Antonio Fogazzaro del 1881, Lyda Borelli interpreta la coprotagonista Marina Crusnelli. La si osservi nella scena in cui entra casualmente in possesso, insieme ad altri oggetti personali, di un foglio ripiegato, manoscritto dell'antenata Cecilia Varrega reclusa dal marito, il conte Emanuele D'Ormengo, nel "Palazzo" sul Lago di Como per essersi invaghita di un ufficiale, Renato[10]. Dalle movenze eleganti e sinuose dell'attrice si sprigiona un fascino enorme: dal momento della ricerca di un anellino smarrito (occasione del ritrovamento fortuito), all'estrazione dallo stipo del libretto di preghiere che nasconde lo scritto, accompagnata da un'espressione di stupore che, nel corso della lettura, si tramuta in disorientamento e poi in angoscia crescente. Nel manoscritto è la voce di Cecilia, affidata ai posteri una volta preclusa ogni altra via di comunicazione, che destina chi avrà la ventura di leggerlo a divenire la sua reincarnazione.

Si tratta di un "libro" fatale perché decreta l'unione di due spiriti, poi di due storie, infrangendo le barriere della segregazione e nonostante lo scorrere del tempo inesorabile. In questa forma di simbiosi, frutto della sovrapposizione imposta di due biografie parallele – per la comune

---

[10] "Lyda Borelli – Malombra (1917)", video Youtube, caricato il 25.07.2010, min. 8:52, http://www.youtube.com/watch?v=Z7aMwxRz7cE.

permanenza nel palazzo, a contatto con i marchesi D'Ormengo (Marina nipote di Cesare che l'ha accolta presso di sé e Cecilia come prima moglie del padre di lui) per cui nutrono una fiera avversione – la persona dell'autrice defunta si identifica con una presenza viva. Così la nipote sprofonda gradualmente in uno stato di follia senza ritorno e viene, a sua volta, condannata all'emarginazione; mentre i sentimenti da lei nutriti per lo zio si esacerbano fino a sfociare in un'incontrastabile sete di vendetta.

Un altro testo è presente in *Malombra*: *Un sogno*, racconto di scarso successo precedentemente steso sotto lo pseudonimo di Lorenzo dal protagonista, Corrado Silla, scrittore entusiasta reduce dall'interruzione degli studi di giurisprudenza[11]. Come il narratore esterno di *Malombra* riferisce, nel libro di Lorenzo si tratta di un giovane che ha un sogno estremamente vivo in cui "crede vedere rappresentato sotto forme allegoriche il proprio avvenire"[12]. La predizione del futuro trova poi riscontro nei fatti: per il protagonista, divenuto serio padre di famiglia, ad un'esistenza serena segue la separazione dall'amante alla quale si è unito in un'impetuosa passione proibita; esito della vicenda è un tranquillo oblio per lui, e per lei la morte. Oltre a rilevare l'acume psicologico del testo e l'uso abbastanza appropriato dell'elemento fantastico, la voce narrante del romanzo identifica le ragioni dell'insuccesso nella carenza di realismo nella rappresentazione, nello stile non abbastanza accessibile, nella debolezza sotto l'aspetto filologico.

Nella storia Silla è anche autore concretamente all'opera su un testo di carattere "mezzo scientifico mezzo letterario" dal titolo "Principii di politica positiva"[13], per la cui stesura è stato invitato nella villa misteriosa dal conte Cesare[14], amico di famiglia della madre defunta. Ben presto però, le opinioni reazionarie del sia pur repubblicano conte, che sostiene con orgoglio aristocratico i privilegi di nascita, urtano le idee democratiche e moderne del giovane letterato che, impossibilitato ad adeguarsi alle direttive del proprio mecenate, distrugge poi lo scritto e si appresta alla partenza[15].

Grazie al *Sogno*, Marina (come lettrice) e Corrado si sono già incontrati prima di avvicinarsi personalmente al Palazzo, in un breve rapporto epistolare che riceve diversa interpretazione da parte dei due

---

[11] Fogazzaro, Antonio, *Malombra*, Garzanti, Milano 1986, p. 34.
[12] Ivi, p. 81-82.
[13] Ivi, p. 93.
[14] Si tratta di un lavoro sulla base di materiale raccolto dallo stesso committente (ivi, p. 37).
[15] Ivi, p. 111.

corrispondenti. La marchesina, interessata alla "molteplicità delle vite terrestri di un'anima" – in cui anche Lorenzo crede – vi si ispira nella lettura della sua eredità della sorte dell'antenata; mentre il giovane mira ad un "legame filosofico-sentimentale alla tedesca"[16] con colei che, erroneamente, si figura "donna di gran cuore", che "potesse commuoversi di problemi tanto superiori alle cure consuete del volgo signorile"[17].

Nonostante la diversa natura dei comunicanti, che sottende una differente concezione del sentimento (per Corrado l'anima non è meno importante dei sensi) e che emerge già nello scambio epistolare, e malgrado la presenza pervasiva di Cecilia, i due, in persona, arrivano ad attrarsi irrimediabilmente.

Per *Un sogno* di Corrado si tratta ancora una volta di un lavoro già compiuto, un altro libro la cui realizzazione esula dai confini del testo ma è fondamentale ai fini narrativi. Come il testo della defunta, introdotto per il suo influsso determinante sulla storia affettiva e psicologica, poi sullo stesso destino di Marina.

Nel romanzo decadente, attraverso lo scritto si instaura la forma più autentica della comunicazione, altrimenti alterata dagli ostacoli presenti sul percorso biografico dei diversi singoli personaggi principali. Questi, reduci da separazione e lutti nel passato, vivono tutti in uno stato di fondamentale solitudine. La comparsa di Edith Steinnegge, figlia del segretario tedesco del conte Cesare, figura delicata ma solida e profonda, pone fine all'amarezza del padre e, in virtù della sintonia delle anime che si scopre tra la ragazza e lo scrittore, allo stato di malinconia di cui Corrado è preda una volta rientrato a Milano. Nella tranquillità della nuova esistenza, questi ha potuto soffocare il ricordo di Marina "in ostinati studi di greco e di filosofia religiosa alternati con un lavoro fantastico e uno studio morale"[18]. Inoltre è impegnato nella realizzazione di un racconto, *Nemesi*, che, soluzione non adottata per la prima volta, poi depone insoddisfatto; e in "studi morali dal vero", cui riconosce una precisa "urgenza" etica[19], tra i quali un saggio sull'ipocrisia. Riprende lavori interrotti, si aggira tra i generi e desiste. Non solo inadatto all'amore, l'"Inetto a vivere" (tale lo definisce Fogazzaro nel titolo di uno dei capitoli finali) *ante litteram* estende visibilmente la sua

---

[16] Ivi, p. 46.
[17] Ivi, p. 19.
[18] Ivi, p. 254.
[19] Ivi, p. 259. Lo scrittore ritiene che, tramite il bene morale, "l'uomo si accosta alla essenza della verità e della bellezza assai più che per mezzo della scienza e dell'arte".

qualità alla scrittura. A cui, pure, lega la propria autostima: a infrangere l'idillio della corrispondenza delle due nature, sua e di Edith, è significativamente la freddezza con cui la ragazza accoglie il dono del *Sogno*, con acclusa una dedica sentita[20] – preludio al successivo rifiuto di lei a lasciar evolvere il rapporto di amicizia[21]. Ben altro era stato l'impatto del testo sulla tenebrosa Marina.

La tragedia è in agguato, e l'effetto benefico della giovane tedesca è impedito definitivamente dalla passione furente della sua "concorrente", che finisce con l'uccidere l'amato da lei richiamato al Palazzo, dove il conte è in fin di vita[22]. In tal modo, attraverso l'omicidio l'autore del *Sogno* espia la colpa dell'oblio egoistico del suo protagonista.

Solo due elementi restano inalterati fino all'epilogo della vicenda: l'amore sensuale tra Cesare e Marina e l'assimilazione della realtà interiore di Cecilia Varrega da parte della marchesina, che nell'incontro finale vive della sua seconda esistenza e identifica Corrado con Renato[23]. Entrambi generati dalla potenza del testo.

La passione s'insinua e soggioga chi prima di tutto è autore del *Sogno* (e come tale la donna lo riconosce nel momento della prima manifestazione del sentimento amoroso tra i due[24]). Lo sguardo investigatore e al contempo allucinato di Lyda Borelli dinanzi manoscritto si commenta da sé.

Rispetto alle tre "situazioni" testuali di *Malombra*, la scrittura *in fieri*, al centro dei romanzi in esame, con l'ingrediente essenziale del carattere creativo, si arricchisce però di un valore aggiunto. Si connette agli impulsi e alle reticenze che accompagnano ogni libero atto di coraggio; mentre al lettore si apre la fascinosa impresa dell'autore che vaga e che si orienta nella landa della fantasia. Perciò essa è sempre momento potente e apprezzabile in sé; a prescindere dai suoi effetti concreti, e comunque sempre al di là di questi.

---

[20] Ivi, p. 264-265.
[21] Come si saprà in seguito, per un puro spirito di devozione filiale che le suggerisce di restare accanto al padre di cui è unico sostegno (ivi, p. 333).
[22] Ivi, p. 406.
[23] Ivi, p. 339-341.
[24] Ivi, p. 119.

1.1 Annie Vivanti: *I divoratori* (1911)

Giovanna Desiderata (Nancy) Avory. L'epopea della rinuncia

Il romanzo di Annie Vivanti appare nel 1911 per i tipi di Treves, trascrizione in italiano dell'originale inglese *The Devourers* dell'anno precedente; seguito, come provano le numerose edizioni nella prima metà del secolo (7 dal 1911 al 1920 e ancora 8 dichiarate da Mondadori, dal 1930 al 1949[25]), da un grande successo di pubblico[26].

Si compone di tre Libri, di cui il secondo pari per estensione a quasi il doppio del primo e l'ultimo abbozzato in due pagine. All'interno i due libri effettivi presentano una divisione in capitoli di varia lunghezza ma per lo più brevi, rispettivamente ventuno e trenta (mediamente di più pagine rispetto al nucleo precedente).

Nell'incipit Valeria, giovane italiana rimasta di recente vedova di un pittore benestante inglese morto di tisi, si è appena stabilita con la figlia neonata nella grande "casa grigia" a Wareside nell'Hertfordshire, in Inghilterra, presso la suocera, il vecchio padre di lei (che presto verrà a mancare) e Edith, l'unica figlia sopravvissuta al mal sottile. Qui la piccola cresce in un clima protettivo e sereno (dove pure grava la presenza della morte, sia per i numerosi defunti che per l'incombere della malattia), vezzeggiata da tutti. Nancy è al centro della famiglia; su di lei convergono le aspettative comuni, in particolare della madre, per la quale è la prima ragione di vita. Per questo tutti sono pronti a captare, poi a incoraggiare, le prime manifestazioni di un istinto poetico destinato ad esplodere presto. Poi, alla diagnosi della tubercolosi di Edith seguita dal trasferimento di madre e figlia nel sanatorio di Davos (alcuni anni dopo vi troveranno la morte), Nancy rientra con Valeria a Milano, dove vivono alcuni membri della famiglia con cui la donna ha mantenuto i contatti nel tempo. Sono lo zio Giacomo, affermato architetto, e suo figlio Antonio detto in famiglia Nino, giovane un po' superficiale, privo di ambizioni professionali e legato in una passione torbida e conflittuale a Nunziata Villari, attrice da cui lo separano molti anni. Accanto ad essi sono le figure più pallide della zia Carlotta e della figlia Adele, presso le quali le nuove arrivate si stabiliscono, quest'ultima

---

[25] V. Pischedda, Bruno, *Ritratti critici di contemporanei. Annie Vivanti*, in "Belfagor", anno XLVI, n. 1, 31 gennaio 1991, p. 45-64, p. 46-47.

[26] Michele Giocondi – *Lettori in camicia nera. Narrativa di successo nell'Italia fascista*, Casa editrice G. D'Anna, Messina-Firenze 1978, p. 17 – riporta il dato di una tiratura di 150000 copie dalla pubblicazione al 1943.

invaghita di Nino – come del resto anche Valeria, di cui lui, quasi coetaneo, pare non disdegnare le attenzioni.

Nella nuova fase dell'esistenza, a quindici anni Nancy vede pubblicato il suo primo ciclo di liriche presso una (anonima) casa editrice milanese (*I divoratori*[27], p. 129. D'ora in poi il testo sarà indicato con "D."). Il trionfo seguito all'opera fa della giovanissima poetessa una celebrità letteraria, ammirata e frequentata da letterati di ogni tipo e rango. Ma subissata di impegni mondani, lei non riesce a dedicare le proprie energie al romanzo in prosa, il nuovo capolavoro che si è prefissa di realizzare: "il Libro", con la maiuscola ad incutere rispetto. Inoltre, nel frattempo le viene presentato colui che ne orienterà in gran parte il destino.

È Aldo della Rocca, giovane spiantato tanto avvenente e affascinante quanto fatuo, inconcludente e calcolatore. Tra i due è attrazione fatale immediata. Al matrimonio, ovviamente malvisto nella cerchia dei parenti, segue la nascita di Anne-Marie, che in chiusura del Libro primo del romanzo grida affamata nella culla.

La piccola "divoratrice", poi, si rivela subito tale, accaparrandosi tutto il tempo e le attenzioni della madre. Dopo la sua nascita il romanzo resta bloccato, anche perché si apre per Nancy un nuovo ed inevitabile fronte di lotta. In considerazione del lento scemare della rendita a disposizione, la coppia tenta senza successo la fortuna a Montecarlo; infine decide per l'emigrazione a New York alla ricerca (non strutturata) di fortuna.

Se nel Nuovo Mondo Nancy non riesce a scrivere, è però Aldo che mette a frutto i suoi pregi esteriori con una curiosa attività di "Perfetto Suscitatore di gelosie nei mariti negligenti od infedeli" (D., p. 300); per risolversi in ultimo ad abbandonare la famiglia. Oppressa dalla miseria, attraverso un mazzo di fiori casualmente offertole per strada, inviato da un anonimo mittente che però fornisce un recapito, la scrittrice riprende la penna in una corrispondenza epistolare con lo "Sconosciuto", in cui si inventa ricca, libera e aliena da preoccupazioni. Poi tenta la sorte a oltranza e si decide a raggiungere sola (affidando Anne-Marie alla premurosa e amorevole governante Fräulein Müller) il misterioso corrispondente a Parigi.

Robert Beauchamp Leese, che conta su un patrimonio accumulato con un'attività nel settore minerario in Sudafrica, è perspicace e concreto.

---

[27] Vivanti, Annie, *I divoratori*, a cura di Carlo Caporossi. Con uno scritto di Georg Brandes, Sellerio editore, Palermo 2008.

Approfondita la conoscenza della donna di persona, nel viaggio compiuto insieme attraverso la Svizzera e poi in Italia a Napoli e in Liguria – mete simboliche per il limpido mare italiano, forte richiamo per l'istinto dell'artista – egli intende aiutarla a realizzare le ambizioni letterarie di cui è stato nel frattempo messo a parte. Ma la madre non accoglie la sua proposta di trasferirsi con la bambina in Liguria per poter scrivere, e si stabilisce invece "in una brutta strada della vecchia Praga" dove Anne-Marie, di cui è nel frattempo esploso il genio musicale, possa proseguire nello studio del violino ai più alti livelli (D., p. 420).

Robert in Transvaal, Nancy in corsa tra i teatri delle varie capitali europee per le esibizioni della bambina; il manoscritto del Libro, scommessa della sua vita artistica, riposto per sempre. Tuttavia anche la "seconda" divorziatrice si innamora e si sposa, e la madre, senza più nessuno di cui occuparsi, resta un essere svuotato senza obiettivi all'orizzonte (D., p. 519).

Si tratta di un romanzo "a tesi" in cui la storia, nonostante gli avvenimenti si susseguano rapidi, spesso nella veste di colpi scena e coincidenze fortunate, presenta un definito carattere ciclico. Una conferma del duplice aspetto di casualità e ripetitività delle vicende è offerta dal personaggio di Fräulein Müller, già governante di Nancy in Inghilterra che, rincontrata inaspettatamente a New York, l'affianca nella cura della bambina e le finanzia generosamente il viaggio a Parigi, accettando il pretesto che si tratti di un'occasione per riprendere utili contatti editoriali.

Infine, ad interrompere il sogno di Anne-Marie puerpera di riprendere il violino e addirittura, in linea con le ambizioni materne, di comporre "una grande Opera in cui darebbe al mondo una nuova musica, una musica pura, splendida, rigenerata", è il *refrain* dello strillo del bambino per la fame (D., p. 524) – che per le due precedenti generazioni ricorre rispettivamente al termine del secondo capitolo (D., p. 48) e in chiusura del Libro primo (D., p. 206).

Nell'accenno del Libro terzo si ripropone il pianto neonatale; nel racconto delle vicende di Anne-Marie divorziata, subentra l'immaginazione del lettore.

1.2 Luigi Pirandello: *Suo marito* (1911)

Silvia Roncella. L'angustia della crisalide

Alla presentazione che segue si premette che del testo si è seguita la prima edizione del 1911[28], al suo esaurirsi non più ristampata per la comprensibilmente dura reazione di Grazia Deledda agli evidenti riferimenti biografici alle proprie vicende coniugali[29] (il dato "identificativo" sarebbe il trasferimento nella capitale anche della coppia sarda). A partire dalla metà degli anni '30 Pirandello intraprende una nuova stesura apportando modifiche importanti per porre rimedio all'"indelicatezza", senza però riuscire a portare a compimento la nuova opera dal titolo "Giustino Roncella nato Boggiòlo", che il primogenito Stefano pubblicherà postuma e incompiuta nel 1941[30].

Silvia e Giustino, di cui il titolo del romanzo pirandelliano nella versione originaria attesta la natura di coprotagonisti, sono una giovane coppia non bene assortita da poco stabilitasi a Roma dalla lontana Taranto patria della moglie. Lei, bruna, esile e riservata, ha scritto, oltre ad altri testi in prosa, *La casa dei nani* – "caso letterario" che le ha garantito un enorme successo di pubblico, seppure, secondo un noto copione, non di critica. Lui, della provincia torinese, loquace e abile comunicatore, a tratti viscido adulatore, si adopera alla ricerca dei canali più efficaci per la notorietà dell'autrice presso il vasto pubblico.

Tutto secondo un piano definito. Dopo il matrimonio, in tempi relativamente brevi la cura e la promozione del lavoro della donna, e della sua immagine, sono divenuti monopolio e stesso obiettivo professionale di Giustino Boggiolo. E qui se ne è aperta la carriera, da mediocre impiegato dell'Archivio Notarile (*Suo marito*[31], p. 29. D'ora in poi il testo sarà indicato con "S.M.") di Taranto (diretto dal suocero), relativamente ben collocato nella pubblica amministrazione italiana di inizio secolo, ad agente a tempo pieno della moglie indissolubilmente legato al suo compito. Come mostreranno i fatti, è a tale funzione, e non alla persona della compagna, che

---

[28] La stesura del testo risale al 1909.
[29] V. Benedetti, Laura, *The Tigress in the Snow. Motherhood and Literature in Twentieth-Century Italy*, University of Toronto Press, Toronto Buffalo London 2007, p. 26.
[30] Sulla complessa genesi dell'opera si veda Fabio Danelon, *Il giogo delle parti. Narrazioni letterarie matrimoniali nel primo Novecento italiano*, Marsilio, Venezia 2010, p. 37-41.
[31] Pirandello, Luigi, *Suo marito*, a cura di Italo Borzi e Maria Argenziano, Biblioteca Economica Newton, Roma 1995.

si sente vincolato da tacito giuramento. Sarà proprio l'irrompere della fama nelle pareti domestiche a decretare la fine di un rapporto affettivo sempre più disarmonico.

Nel suo progetto, come egli aveva disposto lo sradicamento della moglie dalla Puglia natale per il trasferimento a Roma a fini promozionali, così ne cura la realizzazione della prima opera teatrale, *La nuova colonia*, che, lungi dal tradire le aspettative, fin dalla prima rappresentazione – parallela alla nascita dell'unico figlio Vittorio – consacra la scrittrice nel mondo letterario del tempo.

Dopo il parto, Giustino predispone per lei una pausa a Cargiore, suo paese di origine in Piemonte, presso la propria madre; e ancora, in seguito, il definitivo rientro in una lussuosa villa della capitale ("Villa Silvia" appunto), da lui nel frattempo resa consona all'immagine dell'autrice, in cui il bambino non la seguirà. Nel suo intento di "reclusione" a fini produttivi, il marito la sottrae al compito più prezioso, quello della maternità, rendendone così completa e definitiva la solitudine.

Ma il nuovo ambiente non sortisce l'effetto sperato, e l'autrice procede a tentoni nella realizzazione della seconda opera teatrale, *Se non così*; mentre i tentativi di scrittura si accompagnano ad uno spontaneo processo di analisi interiore che metterà in luce, inconfondibile, uno stato di asservimento ancor più intollerabile perché non percepito come tale da chi ne è responsabile. Giustino, infatti, si considera in tutta coscienza al servizio della moglie e primo artefice della fama da lei raggiunta; in un mutamento delle prospettive tipico di Pirandello e ancor più marcato in ragione della situazione paradossale in cui i due protagonisti si muovono.

A complicare la condizione di Silvia è la presenza di Maurizio Gueli, scrittore attempato e al momento in una fase di vuoto creativo che, nell'affiancarla nelle fatiche del nuovo testo teatrale, le si avvicina e con lei progetta una fuga dal marito – di cui ormai sono evidenti a tutti la ridicola presunzione come il tratto tragico. Ma la sua amante, l'assai più giovane, sensuale e spietata Livia Frezzi, dinanzi al tradimento lo ferisce gravemente con un'arma da fuoco (S.M., p. 189-190). Con un colpo che non gli sarà fatale ma determinerà – lo si saprà sul finire del racconto – l'amputazione di un braccio, senza impedirne il riavvicinamento all'amante rimessa in libertà dopo una breve reclusione (S.M., p. 195). Silvia, intanto, si congeda con una lettera da Giustino (S.M., p. 188) che, ritiratosi poi a Cargiore in una solitudine disperata e insieme abulica, saputo dopo diversi mesi del successo riscosso dall'opera *Se non così* nel capoluogo piemontese, vi assiste in disparte da un palchetto vuoto sul fondo del teatro, piangendo angosciato lacrime amare di rimpianto (S.M., p. 207).

All'episodio segue immediatamente il dramma del piccolo Vittorio, che soccombe ad un attacco di influenza perniciosa. La veglia al bambino defunto è la circostanza in cui i coniugi si incontrano per l'ultima volta. In chiusura del romanzo è la separazione definitiva, nella scena di lei che si allontana in macchina, in cui si riconferma la previdenza ormai del tutto disinteressata di chi, da crudele sfruttatore, si è fatto mitomane disilluso ingenuo e quasi simpatico: "– Ecco, – le disse, porgendole le carte, – tieni... Ormai io... che... che me ne faccio più? A te possono servire... Sono... sono recapiti di traduttori... note mie... appunti, calcoli... contratti... lettere... Ti potranno servire per... per non farti ingannare... Chi sa... chi sa come ti rubano... Tieni... e... addio! addio! addio!..." (S.M., p. 221-222).

La prima metà del testo, a sua volta bipartita, è dedicata alla storia di Silvia asservita al marito, l'altra alla graduale presa di coscienza del suo stato di sottomissione. Gli stessi titoli dei sette capitoli, a loro volta quadripartiti (solo il primo articolato in cinque sottocapitoli) evidenziano immediatamente le tappe della vicenda. Il primo, "Il banchetto", è riservato alla contestualizzazione della storia nell'ambiente letterario superficiale e ipocrita della capitale all'alba del XX secolo, e contrassegnato da un tono umoristico che a tratti adombra la critica mordace; ad esso segue "Scuola di grandezza", sull'azione di Giustino a favore dell'adeguamento del suo prodotto alle esigenze del pubblico, sia sul piano culturale (impone ad esempio alla moglie importanti letture formative di tema eterogeneo – S.M., p. 72) che della mera lezione di comportamento. Il secondo nucleo coincide con l'esperienza della maternità, nelle due sezioni "Mistress Roncella two accouchements" (quello naturale e quello per la scena) e "Dopo il trionfo" sulla pausa di Cargiore.

Nella seconda parte, dai capitoli mediamente poco più lunghi, in "La crisalide e il bruco" Silvia individua il suo torpore e se ne riscuote; poi, trainata dal progetto di liberazione per entrambi studiato da Maurizio Gueli, "Vola via" dall'esistenza che Giustino le ha costruito; "Il lume spento" sarà l'ultimo testimone della loro unione.

Come osserva Michael Rössner nella postfazione alla sua traduzione tedesca del romanzo, Pirandello, acuto conoscitore della scena intellettuale e letteraria all'alba del XX secolo, mette spietatamente in luce quanto del successo non sia da riportare al talento o al genio artistico, bensì all'opera di lobbys, alla gestione dei media, ad una sorta di "prostituzione dello spirito"[32].

Infine, emblema di tutta la chiusura aristocratica, ma anche dell'ostentata serietà degli elementi coinvolti nel processo della presentazione pubblica è, in apertura del romanzo, il contrasto tra la figura del direttore editoriale Attilio Raceni e l'immagine (unica, in accordo con i fini specifici del racconto) delle circostanze storiche in cui si svolge l'azione. Trovatosi travolto da un tumulto popolare scoppiato nel centro di Roma per reclamare nuovi diritti, senza nemmeno degnarsi di comprendere fino in fondo la causa della rivolta[33] egli impreca contro la brutalità dei manifestanti e si adira profondamente per lo smarrimento, nella fuga, della preziosa lista degli invitati e delle adesioni al banchetto per Silvia Roncella (S.M., p. 23-26).

Nel contesto della ripresa ironica del panorama letterario del tempo, con le sue figure più o meno delineate nei dettagli, a primeggiare è proprio il personaggio grottesco di Giustino, concentrato gravemente sulla sua funzione di primo detentore delle pubbliche relazioni della scrittrice.

1.3 Jolanda: *La perla* (1916)

Perla Bianco. La lotta per la penna

Jolanda – pseudonimo di Maria Majocchi Plattis (1864-1917) – nata e vissuta a Cento in provincia di Ferrara, è autrice di una vasta produzione in campo letterario, giornalistico e pedagogico[34], oggi non nota al vasto pubblico e da pochi anni riscoperta dalla critica.

---

[32] Postfazione a *Der Mann seiner Frau*, a cura di Michael Rössner, Propyläen, Berlin 2000, p. 361-373, p. 364.
[33] Fabio Danelon - *Il giogo delle parti* cit., p. 44 - identifica l'episodio con i drammatici scontri avvenuti nell'aprile 1908 nel corso dei funerali per un operaio morto in un infortunio sul lavoro, quando le forze dell'ordine intervennero seminando sangue tra la folla. Ciò consente una precisa collocazione cronologica dei fatti della storia.
[34] Come sintetizza Ombretta Frau – Fra virago e la femmina: *emancipazione e etica del lavoro nelle eroine di Jolanda*, in "Quaderni d'italianistica", Vol. XXIX, n.1, 2008, p. 125-144 – si tratta di una "scrittrice e intellettuale che riesce a conciliare il suo caratteristico riserbo con la modernità prorompente di inizio secolo" (p. 126), che, pur astenendosi dal prendere parte attivamente al lotta femminista, ne accoglie le istanze sociali a favore dell'autonomia e della libertà della donna, in linea con l'evoluzione della stessa nei tempi attuali. Pertanto, permanendo su posizioni sostanzialmente aristocratiche, Jolanda nella

Il suo ultimo romanzo si impernia sulla storia di Perla Bianco, artista di successo dalla tormentata vicenda sentimentale, e copre un arco di tempo di quattro anni.

In apertura è l'ingresso della giovane originaria della Costa Azzurra, reduce dalla pioggia autunnale, nel Palazzo del Belvedere di Ferrara, dimora del maturo scrittore Alfonso Romei acclamato in tutto il paese per la sua produzione di opere in prosa di elevato livello artistico. Presso l'eminenza letteraria la protagonista si reca allo scopo di ricevere "la carità di un raggio di luce" sui suoi *Racconti del mare* (*La perla*[35], p. 25. D'ora in poi il testo sarà indicato con "P."), un parere autorevole e aperto che possa confermarne, o viceversa rimuoverne, la volontà creativa. Per un caso fortunato è presente al momento della visita il prestigioso editore Ulisse Arces, che assiste alla lettura per voce dell'autrice. Il verdetto favorevole dei due giudici si evince dal destino della pubblicazione, con prefazione dello stesso Romei.

In tal modo si apre la via della celebrità, ininterrotta fino alla conclusione dell'opera. Al raggiungimento del primo successo segue un periodo di "formazione", in cui la ragazza, raccolta nell'intimità di una sobria e accogliente pensione, si dedica totalmente a letture indirizzate ad ampliare il proprio orizzonte culturale. Come da subito si intuisce, i moti del cuore sono tanto forti quanto lo spirito creativo, e il pensiero di Romei le ispira le liriche *Canti d'allodola*, che si rivelano nuova conferma della recente notorietà. Sempre nello stesso contesto di lavoro si inizia anche la stesura del primo romanzo, opera di vaste proporzioni poi interrotta per quelle che si rivelano presto le priorità affettive della giovane. Riallacciati i contatti col "maestro" Romei, tra i due si avvia una frequentazione improntata all'ammirazione reciproca destinata a sfociare in un rapporto più profondo. Nel corso della rappresentazione teatrale del "Melologo"[36] nel cortile del Palazzo Estense, si svela il vero sentimento di entrambi, che

---

sua opera pedagogica sostiene l'opportunità di un'occupazione professionale per l'evoluzione della persona – anche quando non imposta da necessità di sopravvivenza – e, nei casi estremi, il ricorso al divorzio. Sono, queste, opinioni espresse nel "Galateo" femminile *Eva regina* (1907), più volte citato nel contributo.

[35] Jolanda, *La perla*, liberty house, Ferrara 2001.

[36] Lo spettacolo consiste nella recita del poema lirico *Parisina* con accompagnamento melodico, sul tema della infelice passione amorosa quattrocentesca (in cui storia e leggenda si intersecano) tra la donna e Ugo d'Este, condannati al patibolo per adulterio (P., p. 237); lei appartenente alla potente famiglia dei Malatesta, lui giovane amante contrapposto alla crudele immagine del più maturo marito, e stesso padre di lui, Niccolò III d'Este.

conduce alla rapida risoluzione del matrimonio da celebrare nel corso di una "fuga" estiva in Svizzera.

Ma purtroppo gli eventi non seguono il corso sperato. Dopo l'unione Alfonso non riesce più ad ottenere il consenso del pubblico e intraprende una sempre più consapevole e perfida azione di allontanamento della compagna dal lavoro della scrittura, presago della fortuna del suo talento a scapito del proprio. Nonostante ciò, vedono la luce della stampa il romanzo rimasto incompiuto *L'ignota*, poi una altrettanto felice replica dell'esperienza del romanzo, oltre ai *Racconti Ariosteschi* di carattere fantastico su sfondo storico, e al felice esperimento del primo lavoro teatrale. Alla fama si accompagna, in misura direttamente proporzionale, l'acuirsi della frustrazione e dell'acredine del divo caduto nell'oblio, che si oppone al lavoro di Perla con cieca ostinazione e infine con una violenza irrazionale. La scoperta della stesura segreta dell'ultima opera, furtivamente e nel momento improbabile dell'alba, sarà la causa della strage domestica in cui Alfonso spara a Perla indifesa, poi a se stesso finito.

Alle vicende dei due protagonisti assistono alcuni rappresentanti del mondo letterario e artistico ferrarese, tra cui si stagliano le figure, lungo tutta la storia legate a Perla da profondo affetto e comprensione, del dolce e sensibile marchese e poeta Aldobrandino Rangoni (che proverà fino alla fine un amore non corrisposto) e dei membri della famiglia Barbieri già intimi amici di Romei: la madre amorevole e comprensiva, personificazione dell'ideale muliebre tradizionale (totalmente dedito alla famiglia), il marito e i due figli Donato e Alda, significativamente dei due sessi, tutti e tre scultori. In particolare Alda, affine a Perla per sensibilità e poco più adulta di età, come lei prima artista che donna, ne è intima confidente, dell'entusiasmo come del disagio di cui Alfonso Romei è primo responsabile. Per le due amiche, diversi percorsi – rispettivamente la rinuncia a priori all'amore e la lotta per preservare contro l'illogica pretesa egemonica di un avversario ormai fuori di senno, ultima ragione di vita, lo spirito creativo – non pregiudicano uno stesso risultato esistenziale.

Il testo è bipartito, con le sezioni di rispettivamente nove e otto capitoli di lunghezza variabile. La prima risulta notevolmente più ampia poiché "sbilanciata" dall'ultimo capitolo, fondamentale nel romanzo per il concretizzarsi dell'unione dei destini dei due coprotagonisti, che già nell'incipit il lettore è indotto a prefigurarsi. Non solo: a cavallo tra le due sezioni è la premonizione bilaterale della sciagura a cui conduce il matrimonio. In Alfonso, che scherzosamente minaccia di partire da solo qualora Perla non lo raggiunga in tempo alla stazione, si insinua "un'ombra traditrice che non riconobbe, che non sapeva donde provenuta e che gli fece provare qualcosa somigliante al rimpianto" (P., p. 256): è l'avvertimento della fine della gloria insieme al concludersi del celibato.

Ancor più malinconica appare Perla nel separarsi dai suoi coralli per adornarsi della perla, omonimo magnifico gioiello di famiglia di cui il marito le fa dono: "quando li sentì nelle sue palme, tepidi ancora della sua vita, i coralli rosei del suo mare [...] la percorse un brivido triste tra l'esultanza e le parve quasi di spogliarsi della sua ultima innocenza, dell'ultimo resto del suo passato, della sua personalità libera per divenire col gioiello gentilizio una proprietà assoluta di Alfonso Romei" (P., p. 265).

1.4 Italo Svevo: *Senilità* (1927)

Emilio Brentani. Coesione e falle della mediocrità

Nelle parole di Svevo, rispetto alla prima edizione del 1898, senza risonanza a livello della critica, il romanzo riproposto nel 1927 sotto l'egida di James Joyce, sottoposto a "qualche ritocco meramente formale" (*Senilità*[37], p. 29. D'ora in poi il testo sarà indicato con "S."), ha ben diversa fortuna. Sulle linee fondamentali al discorso si concentrerà, dunque, la presentazione che segue.

Nei quattordici capitoli di cui l'opera si compone, si narrano le vicende di un periodo della vita del protagonista, Emilio Brentani che, nelle parole del narratore eterodiegetico, lo stesso avrebbe poi contemplato come "il più importante, il più luminoso. Ne visse come un vecchio del ricordo della gioventù" (S., p. 212). In apparente contrasto con la "senilità" che già nell'incipit del racconto contrassegna il personaggio, la conclusione inequivocabile tratta dall'autore vale ad indicare il carattere circoscritto delle avventure narrate, e nello stesso tempo la loro unicità nell'ambito di un'esistenza di cui si evince il grigiore persistente al di là dei confini narrativi.

Il disegno del mondo di Emilio è già realizzato nel primo capitolo, dove si introducono la vita solitaria e monotona accanto alla sorella Amalia

---

[37] Svevo, Italo, *Senilità*, Introduzione di Giuseppe Pontiggia, Arnoldo Mondadori Editore, Milano 1985.

(che ne condivide il destino spento), le due occupazioni tra cui questi si divide, ossia il lavoro e la passione letteraria coltivata in passato con modesti risultati, l'amicizia intima con l'amico scultore Stefano Balli, estroverso e brillante, che frequenta con regolarità, e, soprattutto degna di sottolineatura, la forte attrazione provata per Angiolina, creatura bella e giovane, di umili origini e basso livello culturale, ritenuta sensibile, vivace e soprattutto di sentimenti e intenzioni sinceri, ma in realtà figura interessata e squallida.

Nella dichiarazione nelle prime battute di dialogo in apertura del romanzo, il protagonista esorta la giovane a mantenere nella relazione un atteggiamento "cauto" (S., p. 31). Si tratta di una definizione azzeccatissima nel caso di Emilio, refrattario ad infrangere l'opaca stabilità che fa da sfondo a quella che la voce narrante chiama con distanza ironica una "complicata carriera", bipartita tra un modesto impiego in una società assicurativa e la cura, al momento dell'esordio dei fatti accantonata, della passione letteraria. Unico prodotto artistico degno di menzione è un romanzo edito molto tempo prima, seguito da un notevole successo a livello della stampa locale ma non delle vendite (S., p. 31-32), ritenuto dallo stesso autore fallimentare.

Ciò non intacca tuttavia l'autostima del protagonista che, nella vita privata come nell'arte, si percepisce ancora in un periodo di "incubazione", preludio al raggiungimento di un successo atteso pazientemente. Perciò, dinanzi alla bella e giovane, alta, forte e tutt'altro che complicata Angiolina Emilio mostra di non lasciarsi condizionare da una mediocrità sentita come provvisoria. Ad un coinvolgimento che presto diviene totale reagisce palesando una padronanza di sé che lo inorgoglisce e che, appunto, spiega l'invito alla prudenza.

Travolto dalla passione, ne mette a parte il Balli e, nei termini romantici che la sua ovattata realtà le consente di recepire, la stessa Amalia. Senza potere, con entrambi, condividere una gioia finora ignota. Sull'amico la seducente "Ange" non esercita alcun fascino particolare; inoltre ben presto, con l'acume nella comprensione della natura femminile che gli è proprio, questi non si ritiene dall'evidenziargliene la vera identità.

Divenuta più intensa la sua relazione sentimentale, Amalia prende a nutrire un odio irreversibile per "quella donna che non conosceva e che le aveva rubato la sua compagnia e il suo conforto" (S., p. 47). Affermando il diritto al proprio svago, Emilio acuisce nella sorella il sentimento dell'inutilità.

In quest'odio covato nel silenzio si legge, già nel secondo capitolo del testo, un'anticipazione del destino tragico – che culmina nella sconvolgente[38] caduta nell'etilismo e nella morte di polmonite – che la fragilità e la mitezza della donna rendono incontrastabile. Fin da principio Amalia è un essere logorato dalla privazione d'attenzione. L'amore non corrisposto (a lungo nemmeno intuito dal destinatario) per Stefano Balli sarà per lei ulteriore conferma del fallimento e ragione della fine.

Come si mostra dinanzi ad Amalia, anche nei riguardi di Stefano Emilio è introverso e ostinato, tutto concentrato sulla salvaguardia del proprio sentimento contro la reputazione inequivocabile della donna che i fatti dicono via via più veritiera. In tal modo, egli resta incredulo oltre ogni limite razionale.

Accondiscende perfino alla sua promessa di matrimonio con il sarto quarantenne Volpini, figura che già compare nel terzo capitolo, a patto che la coppia possa seguitare ad amarsi in segreto. Poi, finalmente consapevole dell'inganno di cui è vittima (S., capitolo VII, p. 101-102), nel corso dell'interruzione della relazione per proprio volere, intraprende – nel decimo capitolo, insieme al dodicesimo il più ampio del romanzo – un testo dichiaratamente autobiografico sull'avventura amorosa. E lo interrompe la sera stessa in cui l'ha avviato: il sentimento ormai corrotto non può più costituire una valida ispirazione.

Infine, divenuto uno dei numerosi amanti della donna sedicente collaboratrice familiare presso gli attempati coniugi Deluigi, nell'apoteosi dello sfruttamento della propria buonafede giunge a farsi a suo nome autore di una lettera adirata al Volpini, per recriminare contro la decisione di questi di interrompere un fidanzamento turbato dal tradimento e dalla freddezza di lei (S., p. 167). Anche nel momento della stesura, come si è osservato sopra nel testo, Emilio si sente compiaciuto per la meraviglia della donna dinanzi al proprio elevato livello culturale: "Gli venivano alla penna dei grossi paroloni ed egli li lasciava correre beato di vederla estatica dall'ammirazione" (S., p. 171). Alla luce di ciò, si potrebbe concludere che il protagonista, fiero di poter relativizzare la propria mediocrità, sia irresistibilmente attratto dalla bella ragazza non *malgrado*, bensì *grazie* alla

---

[38] Già nel sesto capitolo, una notte il fratello ne sente provenire la voce dalla stanza. Ma non indaga sull'anomalia del fatto, che attribuisce ad un vaneggiare notturno dovuto alla vita solitaria e malinconica di Amalia (S., p. 97-98). A questo punto della storia l'attenzione di Emilio è ancora completamente focalizzata sul suo rapporto con Angiolina, di cui ha iniziato a veder confermata l'infedeltà.

limitatezza dell'ingegno e della cultura – là dove questo spiegherebbe in parte anche la pervicacia nella comprensione che le dimostra.

A risvegliare Emilio da quella che è ormai conclamata e volontaria perdita di coscienza è la catastrofe familiare, trattata nel dodicesimo e terzultimo capitolo, in assoluto il più esteso del testo. Lasciato il capezzale di Amalia, nell'ultimo convegno con la donna egli trova il coraggio di riconoscerne la vera identità fino al quel momento volutamente occultata a se stesso, e di colpirla con insulti violenti e finali (S., p. 196-198).

Al termine della vicenda viene a sapere della sua fuga con "il cassiere infedele di una Banca" (S., p. 210), oculata scelta di Svevo – accanto al più innocuo e dabbene Volpini e all'ombrellaio[39] – per dare la misura delle "aspirazioni" consentite alla donna.

La tappa finale del rapporto di dipendenza da Angiolina si svolge dopo la morte di Amalia. Nella mente di "letterato ozioso" di Emilio – i cui tentativi nell'arte, come con le donne, sono ancora destinati a cadere nel vuoto (S., p. 210) – la figura dell'amata subisce una metamorfosi: conserva inalterati i tratti fisici ma acquista le virtù morali della sorella defunta (S., p. 212)[40], contemporaneamente alla quale si era allontanata.

Mentre quest'ultima, in virtù sia della piena corrispondenza al carattere dell'esistenza condivisa con il fratello (attestato nel titolo) che della natura antitetica rispetto agli altri due personaggi principali (Angiolina e Balli), si fa elemento chiave per l'esegesi delle figure del romanzo.

---

[39] Nel sesto capitolo Stefano Balli la sorprende personalmente in compagnia di un altro uomo, col quale evidentemente lei ha un'avventura, che subito identifica con "l'ombrellaio di via Barriera" (S., p. 90). È proprio il mestiere da questi esercitato ad offrire lo spunto per una considerazione. Zeno, in due caricature realizzate dal cognato Guido Speier per porne in ridicolo l'accentuata distrazione, appare dapprima appoggiato ad un ombrello puntato a terra, poi trafitto dal suo manico; e, nonostante ciò, dal sembiante imperturbabile – Svevo, Italo, *La coscienza di Zeno*, Garzanti, Milano 1985, p. 132-133. Dunque, l'ombrello come tipico oggetto funzionale che può rappresentare una minaccia – come si verifica per l'insignificante concorrente di Emilio. Inoltre, ad ornamento della stanza affittata in cui si consuma la sordida passione con ad Angiolina "In capo al letto stava piantato un ombrello chinese" (S., p. 144).

[40] Già nel momento dello spegnersi di Amalia Emilio aveva constatato di non essersi potuto congedare da entrambe le donne, dalla sorella per l'impossibilità di esserne udito, dall'amata per l'incapacità di farlo (S., p. 199).

1.5 Alberto Moravia: *L'amore coniugale* (1949)

Silvio Baldeschi. Il libro della coppia

Il testo di Alberto Moravia, intrapreso nel 1941, vede la luce della stampa, con altri racconti, otto anni dopo[41].

Si tratta di un racconto lungo narrato in prima persona e suddiviso in sedici brevi capitoli; nettamente bipartito dal termine della stesura del libro del protagonista, con cui si apre il decimo. La trama si riassume assai brevemente.

Nell'incipit Silvio Baldeschi, agiato borghese coniugato con la pressoché coetanea Leda e padre di tre figli, dopo avere tracciato una succinta ma efficace descrizione di sé e della moglie (capitoli I e II), ricostruisce per sommi capi la storia della coppia: dall'incontro iniziale tra due anime della medesima condizione sociale e con precise, e compatibili, aspettative nella sfera sentimentale, allo sviluppo di un'attrazione reciproca via via più forte, alla decisione delle nozze (capitolo III). Ancora preliminare all'azione centrale può dirsi il quarto capitolo, in cui il protagonista, messa Leda a parte delle proprie ambizioni letterarie – coltivate nel passato in alcuni lavori di critica e in una limitata produzione creativa – si lascia esortare da lei alla ripresa dell'attività della scrittura.

Per realizzare l'esperimento la coppia si ritira in una villa in Toscana dove, in un isolamento foriero di concentrazione, il protagonista intraprende la stesura di un testo di carattere autobiografico sul tema dell'amore coniugale. In teoria riserva al lavoro le più produttive ore mattutine; in pratica vi dedica la propria esistenza per un periodo di venti giorni. La scrittura è, in fondo, la prima attività costruttiva a cui Silvio si accinge con serietà. Essa esige un investimento totale delle energie della persona; contese, d'altra parte, dal rapporto fisico che nell'unione svolge una funzione di primo piano.

Marito e moglie decidono allora, di comune accordo, per un periodo di castità secondo un piano stabilito a cui si adeguano apparentemente di buon grado. Ma la nobiltà del fine non preclude ogni rischio per la coppia. A Silvio, che usufruisce pienamente di questo totale assorbimento nel lavoro e vive nella dimensione rarefatta dell'invenzione artistica, si contrappone Leda via via più trascurata come individuo. Perciò, la sua caduta in

---

[41] V. Onofri, Massimo, Introduzione a *L'amore coniugale*, Bompiani, Milano 2006, p. V-XV, p. VIII.

tentazione in seguito alle inequivocabili *avances* del barbiere Antonio che quotidianamente si reca alla villa (non tenute in particolare conto neppure da Silvio, con cui lei si è subito confidata) non stupisce veramente il lettore.

Quando il racconto sul tema dell'amore coniugale giunge al termine, lo stato di esaltazione che ne ha accompagnato la realizzazione viene lentamente meno e Silvio prende a covare dentro di sé il presentimento della disillusione che, poi, si rivela veritiero. A questo punto si attende, rinviato intenzionalmente ad un momento successivo alla copiatura del testo, solo il parere della moglie che ne ha, in tutti i modi possibili, promosso l'attuazione.

Ma nel frattempo, anche per lei la vita non si è fermata. La scoperta del tradimento consumato colpisce Silvio nella propria dignità, ma al contempo viene a stringere il legame con una presenza ritenuta sempre più irrinunciabile. Lo stato confusionale posteriore alla sorprendente scoperta (Antonio è poco comunicativo e ha le sembianze di un brutto satiro), cui non si associa alcuna manifestazione esterna, accompagna la lettura del manoscritto alla moglie. Mentre il giudizio di Leda, onesto e leale, ma equilibrato (vi si salva lo stile) ed espresso con la grazia che le è propria, rende meno amari il disinganno e la frustrazione.

Al termine, il rapporto tra i due si intuisce rafforzato dalle vicende e destinato al consolidamento nel tempo grazie al perfezionamento della conoscenza reciproca. La futura ripresa del racconto, auspicata da Leda ma per Silvio non più questione capitale, resta un punto aperto di questo romanzo che, come risulta subito evidente, diversamente da altri "studi sociali" dell'autore (si veda il caso emblematico della *Ciociara* del 1957), si impernia sui meccanismi psicologici[42].

1.6 Achille Campanile: *Il diario di Gino Cornabò* (1942)

Gino Cornabò. Miti e abiti sdruciti

La storia di Gino Cornabò è narrata dal prolifico scrittore umorista e giornalista Achille Campanile in un romanzo consistente in una catena di episodi narrati sotto forma di diario. Esce in un primo momento a puntate

---

[42] V. Contini, Gianfranco, *Letteratura dell'Italia Unita 1861-1968*, Sansoni, Milano, II edizione, 1997, p. 994.

(che coincidono con le singole date) sulla "Gazzetta del Popolo" di Torino; successivamente, in volume nel 1942[43].

Il testo di primo grado coincide con l'opera del protagonista scrittore, all'interno della finzione del diario; esso rappresenta dunque un caso anomalo. Si apre con una lettera di commiato dall'esistenza del "Natale del 1939" indirizzata ai posteri, a cui l'io narrante affida la propria memoria (*Il diario di Gino Cornabò*[44], p. 15-16. D'ora in poi il testo sarà indicato con "G.C."); le pagine del giornale si riferiscono al periodo compreso tra il 16 giugno 1934 e la mezzanotte del Natale 1940.

La trama del testo, sostenuta da una prosa vivace ed energica in cui spiccano le acute e raffinate scelte lessicali, consta di pochi elementi su cui si innesta il vortice dell'umorismo di Campanile. Il protagonista, di mezza età e residente in una borgata romana dell'età fascista inoltrata, si trova ad affrontare due drammi tra loro connessi: l'assenza assoluta di mezzi economici per la mancanza di un'occupazione professionale, e la condanna ad un anonimato che egli è fermamente persuaso di non meritare. È in possesso di una vasta cultura e di un notevole talento letterario, animato da ideali nobili e ricco di una sapiente lungimiranza che ne pone l'orizzonte di pensiero oltre la banalità delle sventure quotidiane che lo assillano. Ma, nonostante una cospicua produzione letteraria (inedita) e diversi progetti di nuove opere, Cornabò non riesce a venire alla luce come autore ed esimio rappresentante del mondo della cultura del tempo perché incompreso da una società che gli preclude ogni via di affermazione. Al nullafacente Gino pare inoltre mancare ogni forma di razionalità. Il suo atteggiamento è autolesionistico, come mostrano l'ostinazione nel ricorrere invano all'intercessione di conoscenti socialmente in vista, e parallelamente l'assenza dell'idea di affidare la propria rivincita – che poi si rivelerà possibilità di sopravvivenza – a qualsiasi altra sia pur mediocre forma di attività produttiva: "Adesso ho letto: concorso a venti, trentamila posti statali [...] I posti ci sono, ma vengono dati ad altri [...] Lealmente, francamente: può Gino Cornabò mettersi alla stregua di tutti, partecipare a un concorso ? Per me, salta agli occhi, ci vorrebbe una carica. Ma chi pensa a darmela?" (G.C., p. 74).

---

[43] Terzi, Lodovico, Introduzione a Achille Campanile, *Il diario di Gino Cornabò*, bestBur Rizzoli, Milano 2012, p. 5-12, p. 8.

[44] Campanile, Achille, *Il diario di Gino Cornabò*, Introduzione di Lodovico Terzi, bestBur Rizzoli, Milano 2012.

Per completare il quadro, egli è solo e privo di famiglia. L'unica presenza che lo affianca quotidianamente è Adalgisa Ciabatta, sua ex domestica, che ne condivide i miseri alloggi e pretende di gestirne la vita quotidiana. Pertanto, da un lato nell'inutile tentativo di ricondurlo verso la normalità dell'esistenza, dall'altro animata da uno spirito di possesso esclusivo e anch'esso malato, per dissuaderlo dal rincorrere vani sogni di gloria lo sottopone ripetutamente a dure punizioni corporali senza che lui vi si possa opporre. Né appare meno crudele a parole: "Che t'occupi dei posteri se non hai fatto niente nella tua vita, se non rappresenti niente, se sei una nullità?" (G.C., p. 89).

Con tutta la sua misantropia, Gino appare più calato nel contesto sociale di quanto egli stesso pretenda di non essere. In diversi punti del romanzo compaiono presenze non nuove, siano amici, o parenti di Adalgisa, il cui carattere gli è ben noto. Ma d'altro lato, ogni tipo di attenuazione degli elementi persecutori – di cui la solitudine è parte integrante – diminuirebbe la portata della paranoia di cui Gino si arma per sopravvivere, nei due aspetti del delirio di grandezza e persecuzione[45].

Nella sua lotta incessante Cornabò è pervicace. Non bastano ad atterrirlo i solleciti e le minacce dei locatori creditori, che lo costringono a più cambi di alloggio, né le umiliazioni subite da parte di Adalgisa e degli altri membri gretti e zotici della cerchia familiare di lei, e nemmeno il disprezzo che suscitano i suoi abiti sdruciti e una scarsità di mezzi sempre più difficile da occultare. In tal modo, non cessa di battersi con determinazione per ottenere la nomina a Cavaliere (rimpianta anche nella lettera di commiato dal mondo con cui il romanzo si apre – G.C., p. 16), in cui in vede il primo gradino del distacco dalla mediocrità.

Proprio sulla base del contrasto tra il disprezzo per le convenzioni del tempo e l'adeguamento al sistema di valori vigente, la satira sulla borghesia e sul mondo letterario del ventennio si fa più dura e pungente. Né Campanile rifugge dal prendersi gioco delle manifestazioni più esecrabili di quello che è il pensiero dominante – a partire dalla pratica consolidata dello squallido clientelismo ricorrente nel romanzo. È quanto emerge dallo sconforto di Cornabò, nella registrazione dell'8 maggio 1938, per non essere stato invitato ad alcun ricevimento in occasione della visita di Hitler a Roma; di due giorni dopo è il racconto di un sogno in cui, esortato da un telegramma a presentarsi l'indomani a Firenze insieme al fior fiore dell'arte

---

[45] Terzi, Introduzione a *Il diario di Gino Cornabò* cit., p. 8.

e dell'intellettualità per rendere omaggio all'ospite, vi viene lì per lì nominato commendatore (G.C., p. 156-159).

Lo stesso sconcertante distacco, nella ristretta prospettiva di Gino, si individua nel riferimento alla campagna antisemita del settembre dello stesso anno che culminerà nella promulgazione delle leggi razziali. Insolvente presso numerosi creditori di origine ebraica, il protagonista dichiara il proprio antisemitismo non dipendente dalle direttive del regime, bensì risalente a trent'anni prima (G.C., p. 179). Ma poi, nel momento della dichiarazione ad un giornale della sua appartenenza esclusiva alla razza ariana – naturalmente seguita dall'elenco dell'opera inedita – constata come essa non costituisca, nel suo caso, alcun titolo preferenza (G.C., p. 181-182). Anche focalizzando lo sguardo sulla mania di grandezza al centro della storia, ugualmente l'utilizzo cinico di un certo tipo di temi da parte di Campanile non può non lasciare interdetti.

Il terzo dramma che colpisce il protagonista può dirsi derivante dalla sintesi dei due precedenti: si tratta della passione d'amore che non riesce ad esprimersi per l'inesistenza di una degna destinataria, come pure di una che, pur meno idonea, sia almeno compiacente.

Nel corso della storia gli episodi che illustrano la sventura nei suoi vari aspetti si ripetono con piccole, sia pur oculate variazioni. Ai frequenti appuntamenti con persone in vista Cornabò viene ingannato; oppure, fiutando la beffa, dileggia chi è in realtà ben intenzionato nei suoi confronti; o ancora, per vari impedimenti non riesce a presentarsi. Ugualmente, i ripetuti approcci al sesso gentile si rivelano immancabilmente infruttuosi, o fonte di spiacevoli equivoci (con il compagno, non visto, della presa di mira che giunge al furore o con le *avances* rivolte alla persona sbagliata), o ancora, destinati a non aver futuro per la malasorte in costante agguato.

Nel testo integrale, con la stella maligna che mette a sempre più dura prova la speranza vanagloriosa del protagonista e ne accresce l'acredine verso tutto e tutti rendendone più acuto il lamento nel corso del racconto, il ricorso alla replica viene inevitabilmente a smorzare gradualmente l'effetto comico dei fatti grotteschi. Fino al tragico finale di un romanzo "insolitamente amaro"[46]: in seguito ad un nuovo trasloco svoltosi nella stagione invernale, Gino giace malato nella stanza di uno squallido albergo;

---

[46] Del Buono, Oreste, *Date & dati*, Saggio introduttivo a Achille Campanile, *Opere. Romanzi e scritti stravaganti* 1932-1974, a cura di Oreste del Buono, p. VII-X, Classici Bompiani, Milano 1997, p. X.

senza speranza, coricato accanto ad Adalgisa che, nella notte di Natale, piange le sue prime lacrime di compassione[47].

---

[47] Michele Giocondi, in *Lettori in camicia nera* cit, colloca la nascita in Italia dell'umorismo letterario di successo nel 1927, con *Ma che cosa è questo amore?* dello stesso Campanile per i tipi di Corbaccio (p. 116). La fortuna dell'opera, con 120000 copie vendute fino al 1943 (p. 17), si ripete, anche se in scala minore, con *Agosto, moglie mia non ti conosco* (1930) e con i testi successivi, più apprezzati dalla critica che dal pubblico. Al genere umoristico del ventennio lo studioso dedica le pagine 116-123 del testo, nelle quali tuttavia non si cita il giornale di Cornabò. D'altra parte, in questo caso un'amarezza devastante percorre la storia del letterato, orientando il testo verso la satira – come subito indica la figura caricaturale del protagonista.

2. Scrittori e opere in contesto

La realizzazione del testo di secondo grado non prescinde mai da un'azione collettiva che vede coinvolto tutto il sistema dei personaggi, secondo precise istanze espresse nel testo di cornice. In relazione ai testi in questione, ciò è particolarmente evidente alla luce del notevole spazio assunto dalla scrittura all'interno della trama.

Come si è visto, talvolta l'esordio dell'attività creativa è preesistente al "gioco di società" che viene ad innescarsi intorno all'autore e ne determina la produzione (Silvia, Perla, Cornabò); talaltra ne è il prodotto (Nancy e il supporto nell'ambiente familiare, Silvio e l'esperimento di massima concentrazione condotto nella villa di campagna con la complicità della moglie). Altrove possono coesistere le due alternative – è quanto accade in Svevo, e ancora in Moravia – come mostra il diverso configurarsi della *nuova* scrittura posteriore all'inizio della storia.

2.1 La pratica della scrittura tra supporto e distrazioni

Nei *Divoratori* e nella *Perla*, in *Suo marito* e nell'*Amore coniugale*, lo scrittore si attornia di una "squadra" ed è al centro di vicende che riguardano la sua attività. E sempre è l'amore, sia esso o meno soddisfatto, a porsi in quanto esperienza mistica in un rapporto privilegiato e di norma complesso con la creazione[48].

Il caso di Silvio Baldeschi è emblematico, per la costruzione di un ambiente *ad hoc* per il lavoro a cui questi si appresta. In apparente contraddizione con il carattere privato e tutto sommato aleatorio del tentativo del racconto, circoscritto nella sfera della coppia e visto in primo luogo come *chance* di un talento rimasto inespresso, l'esperienza creativa rappresenta una prova in grande stile. Realizzata dietro il suggerimento di Leda di trascorrere un periodo nella villa della famiglia in Toscana (*L'amore coniugale*[49], p. 23. D'ora in poi il testo sarà indicato con "A.C."), essa si pone al termine di un

---

[48] V. Hubier, Sébastien, *Le roman des quêtes de l'écrivain (1890-1925)*, Editions Universitaires de Dijon, Dijon 2004, p. 245-246.
[49] Moravia, Alberto, *L'amore coniugale*, Bompiani, Milano 2006.

percorso di tentativi artistici assai incerti per la cui ripresa è determinante il sostegno della moglie.

Nei primi tempi dell'unione coniugale il protagonista è cauto nel metterla a parte delle proprie ambizioni letterarie, perché non coronate da alcun successo. Ma Leda insiste e lui si sente lusingato, capendo di tenere al suo giudizio più che a quello di un letterato professionista; così le legge una novella di pochi anni prima, che lei apprezza pur non trovandola immune da numerosi difetti. In tal modo, mentre l'artista biasima l'eccessiva severità di giudizio usata verso se stesso, che poi porrà in relazione all'attività di critica letteraria precedentemente svolta presso giornali e riviste (A.C., p. 28), l'effetto benefico dei commenti e di un incoraggiamento affettuosi è un impulso a perseverare nell'ambizione.

Il ritiro nella villa: un esperimento serio che si apre sotto i migliori auspici. Ma il primo periodo è segnato da una sostanziale inattività. L'autore, distratto dalla cura del rapporto amoroso, giunge a "penetrare il senso di ciò che sia una passione coniugale: quella mescolanza di devozione violenta e di legittima lussuria, di possesso esclusivo e senza limiti e di godimento fiducioso del possesso stesso" (A.C., p. 27). A fronte di una relazione sentimentale del tutto appagante, è costantemente distolto dal chiaro piano di una lunga novella o breve romanzo sulla propria storia di coppia, che peraltro sente di avere "già tutta in mente, separata e distinta nei singoli episodi, così da potere stenderla con la massima facilità". La composizione è faticosa e insoddisfacente, carente la concentrazione e "l'animo inerte". Lontana è anche la meta di uno stile elegante e originale – "Una forza maligna accumulava mio malgrado sulla pagina ripetizioni, solecismi, periodi oscuri e zoppicanti, aggettivazioni incerte, locuzioni enfatiche, luoghi comuni, frasi fatte" (A.C., p. 28) – e del ritmo armonioso nella prosa che aveva invece caratterizzato i testi precedenti.

In un percorso irto di difficoltà, quando la perseveranza nella stesura sta per venir meno cedendo alla felicità nell'amore, è proprio la moglie ad intervenire a puntello dell'opera dell'artista di cui, in virtù del significato primo del progetto, lei si sente corresponsabile. L'obiettivo si fa allora per Silvio irrinunciabile in quanto "Era una prova d'amore che dovevo fornirle" (A.C., p. 29). Del resto, non vi è modo di opporsi all'incitamento di una persona semplice, estranea ai problemi connessi con il lavoro intellettuale, che tanto più si sente fiera partecipe della storia.

Una volta optato per la prosecuzione, lo scrittore realizza come a frapporsi all'efficienza creativa sia proprio la cura della passione, per l'aggressività sottratta al lavoro dal rapporto fisico, con il risultato di un ineludibile circolo vizioso in cui l'amore carnale è insieme origine e compensazione della frustrazione professionale. È a questo punto che si svela completamente la volontà ferrea di Leda, che individua nella nuova strada del marito un mutamento di esistenza necessario. Lo scrittore deve lavorare, perché è quanto prevedono sia la sua natura sia la consuetudine sociale (A.C., p. 30-32).

Non avendo altra scelta, per agevolare la creazione dell'artista la moglie stabilisce allora un periodo di rigorosa castità al quale Silvio, dopo la perplessità iniziale e le resistenze simulate, fa mostra di adattarsi. È un accordo che non ammette deroghe, di validità immediata e di cui Leda fissa il termine al momento della lettura del racconto ultimo.

Secondo i piani dello scrittore, il nuovo stile di vita sortisce i suoi effetti e le ore mattutine iniziano ad essere impegnate proficuamente. Frutto di un'ispirazione e di un'energia fino ad allora sconosciute, il testo sgorga spontaneo e rapido; mentre l'autore, totalmente assorbito dall'opera, ha la netta sensazione di dar vita a un capolavoro (A.C., p. 33-34). Mosso da una sorta di forza superiore, "avevo nella testa una grossa e inesauribile matassa e con quell'atto di scrivere non facevo che tirare e svolgere il filo disponendolo su fogli nei disegni neri ed eleganti della scrittura" (A.C., p. 35).

Dal momento in cui si obbedisce al patto, la pratica della scrittura, pur concentrata il mattino, pervade l'intera giornata. Nelle ore pomeridiane Silvio è un essere svuotato che, nonostante conduca in apparenza la consueta esistenza, vive in realtà nell'unica dimensione del suo progetto, intento solo a non infrangere quella tranquillità ed assenza di emozioni che del lavoro è la prima garanzia. L'unica forma di scambio intimo nella coppia si mantiene nella consueta passeggiata pomeridiana dopo il the – a conferma dell'isolamento del rifugio scelto, secondo vari itinerari: o attraverso i campi o lungo la riva di un canale o ancora verso la città (A.C., p. 27, 88).

Come la moglie anche Antonio, il barbiere siciliano ingaggiato, segue con le sue puntuali visite meridiane i ritmi di lavoro del protagonista. Assai brutto di aspetto ma molto corretto e calmo, taciturno e misterioso, con la leggerezza dei suoi gesti, la riservatezza e la sicurezza di sé l'uomo esercita sullo scrittore un certo fascino; a ben guardare, il fascino inafferrabile di Leda. Per questo le sue visite, poste al termine delle ore di intenso lavoro, vengono a costituire per lo scrittore colmo dell'ebbrezza della creazione una gradevole forma di rito. A sua insaputa, accanto alla prima coadiutrice Antonio diviene parte della cornice della scrittura.

In tal modo, nell'ambiente della villa l'attività prosegue a ritmo impetuoso con piena soddisfazione dell'autore. Lontano da ogni altra cura, questi non si occupa delle intenzioni segrete dello "spettatore" del romanzo, di cui la moglie si affretta a metterlo a parte e che poi trovano riscontro nelle dicerie nel vicinato sulla natura di libertino impenitente dell'uomo (A.C., p. 57). Il lavoro assiduo e avvincente offusca l'attenzione di Silvio che, esonerando temporaneamente Leda dalla funzione di guida, oltre che di moglie, che le è propria, riversa nella novella la realtà positiva del suo amore coniugale.

Quando, dopo poco più di una ventina di giorni di attività concentrata, l'opera giunge al termine, i ruoli si ripristinano.

Il primo compito che ora attende l'autore è sottoporsi al giudizio della moglie, che poi, in quanto ispiratrice, egli elegge a dedicataria del racconto (A.C., p. 84). Pure forse non idonea a valutare sul piano strettamente letterario, con la sua saggezza e intelligenza Leda può esprimersi senz'altro riguardo alla vitalità del prodotto finale – ciò che agli occhi dello scrittore più conta per la riuscita di un testo: "Ci sono libri imperfettissimi, malcostruiti, farraginosi, disordinati, ma vivi che leggiamo e leggeremo sempre, e ci sono libri invece perfetti in ogni particolare, ben architettati, ben composti, ordinati e levigati ma morti che gettiamo via con tutta la loro perfezione di cui non sappiamo che fare" (A.C., p. 64), sentenzia l'io narrante per dichiarare ben riposta la fiducia nel proprio giudice.

Tuttavia, ad onta del presentimento di un commento positivo, decide di posporre la lettura del manoscritto alla copiatura a macchina, per renderlo più accessibile e per apportare alcune modifiche allo stile e al lessico; esita persino a comunicarne la conclusione. È, questo procrastinare motivato in altro modo, indice di un disagio di fondo dinanzi al testo.

La stesura del racconto di Silvio Baldeschi si conclude poco oltre la metà del testo di Moravia, e segna un rallentamento della narrazione che induce una profonda riflessione su un dopo che si preannuncia cupo. Svanita l'atmosfera onirica che aveva accompagnato la stesura, lo scrittore è costantemente pensieroso. Di ritorno dall'acquisto in città di carta per la copiatura, il giorno 27 ottobre 1937 (unico caso di indicazione cronologica nel testo), è assalito da pensieri sul futuro del nuovo nato (sull'editore, la veste, i critici, la ricezione del pubblico) e sullo stesso legame con Leda: "forse per la prima volta da quando ci eravamo sposati [...] quasi mi spaventai pensando che tutta la mia vita dipendeva dai sentimenti suoi per me e dai miei per lei, che tutto poteva cambiare e che avrei potuto perderla" (A.C., p. 79).

La stessa mattina della puntata in città Antonio viene lì per lì licenziato dietro il pretesto di un taglio da rasoio (A.C., p. 82-83); senza apparente collegamento con i sospetti precedenti, in realtà perché non più importante "accessorio" della creazione.

Non appena si accinge alla copiatura, Silvio si rende conto di avere dato vita a parole vuote, a un racconto senza corporeità: "Erano vocaboli e non oggetti, vocaboli quali sono allineati nelle pagine dei dizionari, vocaboli e basta" (A.C., p. 88).

Nel contesto della preoccupazione dell'artista reduce dal riscontro deludente si inserisce, nel corso di una passeggiata, il racconto sintetico ma sentito e non imbarazzato da parte di Leda di un'avventura prematrimoniale con un avvenente tenente degli alpini – che lo scrittore riferisce di trascrivere fedelmente (nella forma del discorso diretto). A questo punto, anche se nulla di definitivo è detto sui due fronti dell'amore e dell'arte, è tuttavia chiaro come il risveglio del marito si accompagni ad una rinnovata coscienza della propria debolezza e della vitalità della donna, "più forte di qualsiasi norma morale; alla quale io avevo bisogno di attingere anche se, come era il caso, avessi dovuto reprimere alcune reazioni della mia sensibilità" (A.C., p. 92).

Rinfrancato da questa conferma, ancora vigente il "patto", nel suo rapporto ancora limitato con l'amata la sera stessa Silvio trova finalmente la forza di darsi alla rilettura del manoscritto. E, a dispetto delle precedenti considerazioni che gli avevano fatto individuare in Leda il giudice più idoneo, lo fa con i suoi strumenti di critico letterario.

Trovatolo irrimediabilmente brutto, pone mano alla stesura di uno scritto critico che, estraniandosi quasi da sé, intitola "Osservazioni sul racconto *L'amore coniugale*, di Silvio Baldeschi"; intendendo così "forse, punirmi per aver creduto al capolavoro. Ma soprattutto giungere ad una chiarificazione definitiva circa le mie ambizioni letterarie" (A.C., p. 98). Ne emerge il ritratto di un testo senza speranza, dallo stile pulito ma non personale, senza alcuna plasticità né personaggi vivi, privo di sentimento e perfino mal costruito nell'intreccio. Il giudizio sintetico: "Il libro di un dilettante, ossia di una persona dotata bensì di intelligenza, di cultura e di gusto ma priva affatto di capacità creative". Le *Osservazioni* lo definiscono un racconto pubblicabile, ma senza valore. E, evidenziando come esso sia il miglior prodotto cui l'autore abbia potuto dar vita (frutto di una condizione di felicità perfetta e di un lavoro entusiastico), traggono una sconcertante conclusione: "l'autore si è espresso nel libro qual è: un uomo privo di senso creativo, velleitario, intenzionale e sterile. Questo libro è lo specchio fedele di un tale uomo" (A.C., p. 100).

Allora la consapevolezza della propria impotenza lo travolge e lo sconvolge: è fallito come scrittore e come uomo. La storia potrebbe chiudersi qui. Ma Silvio intende porsi in salvo. E cerca la moglie. "Dopo quella notte, avrei accettato di essere un brav'uomo versato in lettere e modestamente consapevole dei propri limiti ma amato e amante di una moglie bella e giovane [...] Avrei vissuto poeticamente questa mia esperienza amorosa visto che non potevo scriverne" (A.C., p. 102), commenta rassegnato.

Nel frattempo, Leda ha sciolto il patto in altro modo. Con il "brutt'Antonio", figura antitetica del protagonista dell'omonimo romanzo di Vitaliano Brancati, *Il bell'Antonio*, sempre del 1949. Anch'egli siciliano, Antonio Magnano è però di aspetto avvenente, e gode della fama di seduttore fino a quando l'impotenza, manifestatasi dopo le nozze, ne determina il disprezzo all'interno della società del periodo fascista ipocrita e pervasa da pregiudizi radicati nei secoli. Inversamente l'Antonio moraviano è fisicamente quasi ripugnante, ma risaputo corruttore di donne, considerato elemento pericoloso e inviso alla ristretta comunità locale. Nonostante anche Leda sia entrata nel novero delle concupite del barbiere, alla fine della storia è a lei che Silvio si rivolge nel suo duplice fallimento; e l'amore è confermato nelle parole di entrambi.

Nel momento cruciale della lettura insieme del testo – la notte stessa del tradimento consumato – a cui Leda lo esorta, Silvio lo trova meno inaccettabile e vi riconosce un certo "decoro". Con un parere semplice ma diretto, anche Leda, che pure ammette che l'amore sia di ostacolo all'oggettività, lo riconosce poi non un capolavoro ma in fondo interessante e ben scritto (A.C., p. 115-117).

Di nuovo stretti nell'affetto reciproco, i due accennano ad una futura ristesura della novella. In chiusura del romanzo, Leda ne imputa la fragilità all'essere stata idealizzata dal marito e ne auspica la ripresa in seguito, alla luce di una più matura conoscenza di lei e di se stesso. E così si rientra nella dimensione dell'amore. Mentre l'interruzione dell'opera lascia aperto il futuro del racconto, per la cui ripresa Silvio esprime a voce alta il pensiero: "Ci vorrà molto tempo" (A.C., p. 118).

Come si spiega in considerazione della fonte profana sul piano della critica letteraria, l'interpretazione della donna non è particolarmente acuta, né veramente costruttiva; la valutazione resta al livello del riscontro autobiografico. È un parere che in fondo non avvilisce e non aiuta, ma già il fatto che sia pronunciato attesta la continua presenza, o piuttosto la ricomparsa, del sostegno di Leda. Il risveglio dallo stato di quasi incoscienza in cui Silvio è sprofondato nella sua strutturata fase creativa, e dal seguente trauma del disincanto, si fa in tal modo assai più dolce. Né importa che la moglie gli si rivolga in fondo come a un dilettante poiché, nel momento in cui lui ne sente la vicinanza – subito successivamente all'unione fisica con Antonio di cui è stato silenzioso testimone – la priorità diviene proprio uno sguardo lucido sulla relazione che lo porti a riacquistare la giusta coscienza di sé e del proprio ruolo.

La rinnovata fiducia nel giudizio di Leda, che già era stata alla base del tentativo letterario, evita allora la deriva di Silvio come individuo. È un parere franco e pronunciato con evidente affetto, nel quale la "disonestà" di chi lo formula non pregiudica l'effetto. A ben guardare, è proprio Silvio che inizialmente suggerisce con un solido argomento la proposta di un periodo di astinenza dal rapporto fisico; poi, per salvaguardare la propria quiete operativa e non rinunciare al conforto di un aspetto curato – anche pretesto per l'interazione con un individuo ambiguo ma suggestivo – non fa nulla per opporsi alle manovre del barbiere. Infine, optando razionalmente per liquidare la questione con il beneficio del dubbio concesso all'imputato, e attribuendo invece alla moglie uno spiacevole fraintendimento di intenti, lo ha lasciato libero di concupirla e di possederla.

Ha sacrificato cioè, e in maniera non veramente inconsapevole, l'integrità del matrimonio (sotto l'aspetto della fedeltà) alle istanze della scrittura. Ma senza poi rinunciare né a Leda né alle confortanti indicazioni che alla fine lo porranno in salvo.

Anche la penna, senz'altro più felice, dell'omonima femminile di Baldeschi subisce i condizionamenti di una coppia che regge, a dispetto delle stonature, grazie ai presupposti più idonei.

Silvia scrive fin dalla prima giovinezza. Comporre le riempie la vita, compensa la monotonia dell'esistenza condotta in solitudine della figlia unica in una famiglia di origine in cui presto viene a mancare la figura materna. È attività riservata ai momenti di ozio o alla sera, che si affianca senza difficoltà allo svolgimento delle faccende domestiche, come si addice ad una ragazza della sua condizione.

In un tale contesto non si pone nemmeno la questione della cura di un talento "anomalo" che la società, con le sue consuetudini e le sue pratiche consolidate, non è avvezza a tematizzare. Così, quasi gelosa del carattere essenzialmente privato del suo lavoro, la ragazza è posta in imbarazzo dalle reazioni dei conoscenti dinanzi alle prime novelle pubblicate per volere del padre infervorato e agli echi nella stampa.

L'incontro con il futuro sposo segna una svolta.

Come Giustino giunto a Roma racconterà alla giornalista Dora Barmis, con una verecondia da lui vista un po' comica dopo il matrimonio Silvia gli aveva confessato il suo "vizio nascosto" di scrivere, che intendeva coltivare anche perché non intralciante le attività domestiche proprie di una donna maritata. Diversamente da lei sottomessa ai codici socio-culturali dell'ambiente che l'attorniava, lui era stato lungimirante. Aveva colto al volo l'opportunità del primo, inatteso, riconoscimento economico dalla Germania per i diritti di traduzione delle *Procellarie*, il secondo volume di novelle, e si era prodigato per diffondere anche gli altri tesori "nel cassetto": molti manoscritti di novelle, l'abbozzo della *Casa dei nani* (S.M., p. 67-68).

Pertanto l'agente si arroga il vanto di avere finalmente valorizzato quanto a Taranto, e soprattutto dalla stessa autrice, era stato guardato con diffidente scetticismo o tutt'al più quale accattivante scommessa, come indica il sostegno appassionato del padre.

Questa, come emerge dall'analessi nel dialogo, l'origine dell'attività professionale della scrittura... e del suo approccio coercitivo da parte del marito.

A Roma, la sollecitudine di Giustino non sfugge all'attenzione dello zio paterno Ippolito Onorio, rimasto nella capitale con la nipote dopo essere stato ingiustamente destituito dal ruolo ricoperto presso il Provveditorato agli Studi (la seguirà poi, dopo il parto, a Cargiore – in sostituzione del coniuge – dove, deceduto in seguito ad un attacco di cuore, verrà sepolto nel cimitero locale). Molto affezionato a Silvia, Ippolito Roncella nutre invece una profonda antipatia per il marito, giudicato eccessivamente loquace e retorico che, anziché distogliere la giovane dalla sua "passionaccia maledetta" e controllarla nello svolgimento delle faccende domestiche, le ha invece procurato una macchina da scrivere per trascrivere il *materiale* e "contava finanche le parole che la moglie sgorbiava, come se poi dovesse spedirle per telegrafo" (S.M., p. 50). L'autenticità dell'affetto dello zio per la nipote trapela dalla considerazione in cui egli ne tiene l'intelligenza, alla quale però si accompagna uno sguardo ostile nei confronti del "vizio" della scrittura che, dopo quattro o cinque pubblicazioni, l'aveva condotta alla fama, vista anch'essa con netta diffidenza. Onorio Roncella è, pur senza alcuna accezione negativa, figura bifronte: coglie l'ambiguità presuntuosa e opportunistica del nipote acquisito, ma non ne biasima l'ingerenza nella pratica dell'arte – poiché, appunto, non vi riconosce alcuna dignità.

Inizialmente, nella sua nuova fase di vita Silvia si mostra arrendevole dinanzi all'obiettivo che le viene prospettato di fare della scrittura una professione lucrativa. Dopo il trionfo della *Casa dei nani* e la rapida stesura di un dramma (in due mesi), deve concentrarsi assiduamente, in vista della messa in scena, sulla formazione di un bagaglio culturale adeguato per la presentazione in pubblico nonché sulla stessa costruzione dell'immagine esteriore.

Sotto la guida del marito e con l'assistenza della proprietaria dell'appartamentino in cui la coppia abita, Elly Faciolli, attempata signorina inglese che impartisce lezioni di lingua a Giustino – il quale, con astuzia, la compensa della disponibilità con la prospettiva della pubblicazione (e della traduzione in tedesco) della sua ancora inedita voluminosa opera di erudizione sulla storia dei Longobardi (S.M., p. 51) – fino a gravidanza inoltrata Silvia non frappone alcun indugio al lavoro.

Il sopraggiungere del successo – per Giustino, che esattamente in vista di ciò ha organizzato il trasferimento a Roma e nutre un'altissima opinione delle proprie qualità manageriali, non inaspettato – la lascia sostanzialmente indifferente. Anzi, esso non si rivela sorprendente proprio in ragione dell'arrendevolezza con cui si sottopone alla disciplina.

Lo stesso secondo lavoro di Silvia, *La nuova colonia,* è felice esito della svolta dal romanzo – nelle considerazioni di Giustino dalla ricezione più debole in Italia, rispetto all'Inghilterra e alla Francia – al genere drammatico

(S.M., p. 55); ancora una volta, frutto di precise valutazioni del marito a monte della creazione. Il testo, condotto a termine in due mesi e senza difficoltà evidenti malgrado il genere nuovo in cui l'autrice si cimenta, è di soggetto fantastico e di ambientazione insolita e selvaggia (colonie di marinai che sbarcano su una piccola isola dello Jonio) e mette in scena l'esasperazione dei sentimenti umani.

Il parto, poi, non solo non intralcia la rappresentazione del dramma, bensì, ad essa contemporaneo, ne amplifica l'impatto sul pubblico. Nello stesso modo, anche il ritiro a Cargiore nei primi tempi della maternità, come l'interruzione dello stesso per il richiamo degli obblighi professionali, appaiono predisposti.

Ma lo stato di inerzia della protagonista non è destinato a perdurare, anche perché non poggiante su un cosciente consenso verso il progetto che su di lei si incentra: "Ella aveva sempre rifuggito dal guardarsi dentro, nell'anima. Qualche rara volta che ci s'era provata per un istante, aveva avuto quasi paura d'impazzire" (S.M., p. 58).

Questo il terreno minato su cui si era avviata la "Scuola di grandezza" al centro del secondo capitolo del romanzo. Nel corso della storia ad intervalli sempre più brevi, Silvia inizia poi ad interrogarsi sulla propria parte più profonda del tutto sconosciuta al marito. In tal modo, grazie ai primi sentori di disagio che poi si trasformeranno in veri e propri assalti di coscienza, finisce con il prendere definitivamente atto del suo stato di asservimento. Un momento sintomatico di questo dissidio interiore, assai precoce nella storia (dopo il rientro, nella fase dell'adattamento alla nuova esistenza nella capitale), è rappresentato dalla constatazione della donna di essersi sottomessa ad ogni costrizione al lavoro provando in fondo compiacimento più per Giustino che per se stessa (S.M., p. 61).

Tuttavia, mentre Silvia ignara della propria autonomia come individuo produce rapidamente, Silvia più consapevole è paradossalmente meno spontanea e rapida nella scrittura. L'autrice ha aperto il proprio orizzonte. Sentendosi fedele all'esigenza di scrivere solo per sé che già l'aveva accompagnata nella giovinezza in Puglia, nella seconda parte del romanzo inizia a tematizzare l'ingerenza continua nella sua intera esistenza del marito, instancabilmente rivolto ad ottimizzarne la produzione. Nonostante ciò, praticamente per tutto il periodo della vita in comune, anche quando sulla via inoltrata del riscatto percepisce questa intrusione come ripugnante per sé e oggetto di derisione per tutti, non gli contrasta in fondo la gestione dei contatti sociali: è lui che, perfetto manager, va a Parigi per assistere alla rappresentazione del primo dramma tradotto in francese (S.M., p. 162).

Là dove vorrebbe gridare indignata alla sopraffazione, la scrittrice si trattiene adottando a scopo autodifensivo un atteggiamento di distacco e di compatimento che solo nel privato cede agli sfoghi del disprezzo. In tal modo, l'*escalation* del delirio indomito di Giustino, che ha l'ardire di tacciare le sue reazioni di ingratitudine, fa sì che la satira sul mondo letterario del tempo giunga a pieno effetto.

Per quanto riguarda gli altri personaggi, accanto a numerose comparse, più nettamente caratterizzate sono le due figure di Attilio Raceni e Dora Barmis, già presenti nell'incipit del romanzo, in virtù della valenza emblematica del loro ruolo nel mondo giornalistico ed editoriale della capitale di inizio secolo. Il primo, "direttore della rassegna femminile (non femminista)[50] *Le Muse*" (S.M., p. 21) si reca presso la "prima musa" della sua rivista – nella quale si può leggere la parodia della *femme fatale*[51] – "sapientissima consigliera della bellezza e delle grazie naturali e morali delle signore e delle signorine italiane. Doveva accordarsi con lei circa al banchetto" in onore della giovane illustre autrice Silvia Roncella, stabilitasi a Roma dopo il recente trionfo di critica e di pubblico con *La casa dei nani* (S.M., p. 22-23).

I due, legati all'agente da un rapporto di stretta confidenza oltre che di collaborazione professionale, ne diverranno preziosi aiutanti. Si presentano con lui in carrozza ad accogliere alla stazione Silvia di ritorno da Cargiore per condurla alla villa sontuosa in via Plinio, "con la soddisfazione d'esser riusciti a costo d'incredibili fatiche a farle trovar tutto in ordine"; delusi poi dall'assenza di gratitudine e dallo stato di abbattimento della destinataria di tanti sforzi (p. 129-130). Inoltre, in seguito alla fuga della moglie e al compimento della vendetta da parte di Livia Frezzi, sarà Dora Barmis a prendere tra le sue braccia il marito singhiozzante per cercare di placarne la disperazione (S.M., p. 191); mentre entrambi mantengono per un periodo una viva corrispondenza con Giustino in "esilio" (S.M., p. 195).

Ma al centro della satira è la funzione di guida del coniuge che si esplica a livello della "confezione" del prodotto. Significativo ne è l'atteggiamento al suo fianco, nell'apparizione in pubblico in determinate occasioni: al banchetto iniziale Giustino è sollecito a presentarsi in vece sua;

---

[50] L'eloquente delucidazione è ribadita in più punti.
[51] Danelon, *Il giogo delle parti* cit., p. 50.

è lui a reagire alle manifestazioni di entusiasmo della folla dei giornalisti, letterati e ammiratori convenuti al commiato, nonché a porgere gli ultimi ringraziamenti al momento della salita sul treno per Cargiore – mentre la donna, accanto al bambino e ancora convalescente, si mostra per tutto il tempo in preda alla tensione e al disagio, figura centrale e al contempo accessoria (S.M., p. 99-105). D'altra parte in ciò il marito, cui il lettore attribuisce un'ottusità sempre più riprovevole e illimitata, non vede alcuna prevaricazione: "il gigante non era il dramma composto da sua moglie; il gigante era il trionfo, di cui egli solamente si riconosceva l'autore" (S.M., p. 101).

Al contrario con Silvia, che pure è parte integrante del ritratto tragicomico, il lettore instaura un rapporto di crescente empatia, dal suo iniziale muoversi impacciata e quasi per inerzia (ancora troppo giovane, inesperta e conciliante, ma mai troppo innamorata del "mostro"), fino alla manifestazione di un'insofferenza sempre più aperta e consapevole che sfocia nell'allontanamento finale. Silvia non si rassegna a restare ciò che Michael Rössner definisce acutamente "come i suoi testi, materiale grezzo per le messe in scena dello spettacolo mediatico del marito"[52]. Nel momento in cui nega a Giustino il possesso su di sé, gli nega anche la scrittura – di cui, come si è visto, finirà poi col riappropriarsi: di ritorno da Parigi, egli non trova nemmeno un nuovo rigo scritto (S.M., p. 181).

Al di là del destino finale del prodotto letterario, motivo importante del romanzo è anche il rapporto tra l'autrice e la pratica dell'arte.

L'ampio studio predisposto nella nuova abitazione romana non si rivela condizione sufficiente per un esercizio della scrittura, obbligatorio, svolto a ritmo sostenuto. Le stesse intromissioni del marito, che nella prima parte della storia giungono ad effetto e rendono concreta la prospettiva di ingenti guadagni (e dunque della proprietà di Villa Silvia), perdono lentamente la loro efficacia. E forse, Giustino parte per Parigi proprio nella speranza che, rimosso il fastidio che lui stesso sa di provocare, la scrittrice possa recuperare l'antica energia. In questo caso, le pubbliche relazioni coltivate per la promozione dei testi e la loro diffusione anche a livello internazionale concedono una proroga all'esplosione preannunciata.

Mentre deleteria è la soluzione di spingere sotto l'"ala formativa" di Maurizio Gueli la moglie che procede a stento con il suo secondo dramma *Se non così*, di ambientazione realistica e su un tema attinente alla vita

---

[52] Rössner, Postfazione a *Der Mann seiner Frau* cit., p. 364.

quotidiana. "Il Gueli è un maestro, un maestro vero! Gli leggerai il dramma; seguirai i suoi consigli; vi chiuderete qua; lavorerete insieme... Domani io devo partire; lasciami partir tranquillo!" (S.M., p. 164) – le ingiunge Giustino, tragicamente ignaro degli effetti catastrofici della propria risoluzione. Non sa che "D'altra guida, d'altro consiglio, in difetto dell'estro, Silvia sentiva bisogno in quel momento" (S.M., p. 157).

A quattro mani, e due cuori, il dramma "stento e duro" non procede: "nella discussione su i personaggi e le scene di esso s'era impigliata finora l'ambascia della loro irresoluzione" (S.M., p. 178-179).

A segnare una tappa fondamentale nell'attività di Silvia sarà invece proprio il compimento del lento processo della sua emancipazione, che culmina nella fuga e nell'"esilio" del marito. Senza il controllo di Giustino e il sostegno fittizio dell'amante, la scrittrice riuscirà a raggiungere la fama anche con il secondo testo teatrale.

Mentre il manager esautorato, in particolare in concomitanza del tradimento con i suoi esiti fatali, torna agli occhi del lettore "suo marito", e suscita fondamentalmente pietà per le niente affatto nobili intenzioni da cui è sempre stato, almeno in parte a sua insaputa, animato. Prova di questa parziale inconsapevolezza sono, nell'addio tra i coniugi con cui si chiude il romanzo, le parole di affettuosa raccomandazione da lui pronunciate nel consegnare alla moglie i documenti a lei utili nella gestione dei contatti professionali[53].

A conferma dell'uso della storia della scrittrice ai fini specifici della presentazione di un "mondo" da parte di Pirandello è l'ellissi nel racconto dei fatti relativi al compimento del secondo dramma, portato a termine a dispetto delle disgrazie che irrompono sul suo cammino. Della storia di Silvia padrona di sé e della propria creazione, posteriore alla separazione dal coniuge – a parte il sintetico riferimento nelle lettere di Raceni e della Barmis al disordine della vita di lei a Roma (S.M., p. 195) – si conosce solo l'esito fortunato.

Infine, alla base dello stretto contatto che si stabilisce tra il lettore e la protagonista, oltre alla detenzione dell'arte della scrittura, presupposto dello sviluppo dell'intera azione, è la dimensione del dolore che, come avviene per molti altri personaggi femminili pirandelliani, la avvolge e la connota nel corso del racconto.

---

[53] V. p. 20 del presente testo.

Anche Perla Bianco inizia a scrivere al termine dell'adolescenza; ma, contrariamente a Silvia Roncella, è fermamente decisa a dare alla luce i suoi *Racconti del mare*. Pertanto, forte dell'ammirazione incondizionata dell'esordiente, si presenta all'acclamato maestro della prosa e della forma Alfonso Romei per ricevere un parere decisivo. Il fato le è complice, e fa assistere alla visita l'editore Arces di Milano, colui che prima di tutti la incoraggerà a scrivere. L'ingresso nel mondo delle lettere sotto i migliori auspici si intuisce dunque già al primo incontro, all'insolito apparire all'improvviso e sotto la pioggia autunnale della ragazza – la cui fama si lascia presagire nell'incipit del testo.

L'esito del libro supera poi ogni aspettativa dell'editore, grazie al momento della sua uscita che molteplici fattori concorrono a rendere propizio: l'assenza di novità interessanti e di pubblicazioni di voci autorevoli, la mancanza di eventi politici, sportivi e artistici di rilievo, la quiete intorno ai personaggi in vista e ai problemi sociali. Significativa del ruolo di primo piano riservato all'esplosione del talento della ragazza è l'entusiastica attenzione di Jolanda alle strategie di richiamo sulla sua figura. Il volume è detto abilmente reclamizzato, contraddistinto da un'elegante veste tipografica e da un'imponente presenza nelle vetrine italiane. A ciò la voce narrante fa seguire il lavoro indefesso della stampa, attraverso interviste reali o simulate e la costruzione di storie suggestive sull'autentica personalità della misteriosa scrittrice. Oggetto di congetture di fantasia ne sono le origini, milanesi o liguri, in un arco sociale che si estende dall'aristocrazia al proletariato (P., p. 105-107).

Al tempo del trionfo segue l'inverno, dedicato all'esercizio della scrittura e ad importanti letture che ampliano il limitato orizzonte culturale della ragazza, trascorso in un quartierino ammobiliato affittato a tale scopo, periodo di "incubazione" prima della definitiva consacrazione all'arte. A rendere possibile una fruizione produttiva del successo sono l'equilibrio psicologico e l'acutezza dell'artista che, anziché cadere vittima di uno sterile orgoglio, ne viene invece mirabilmente spronata (P., p. 113-114).

Durante questo periodo di "reclusione" formativa vede la luce un nuovo volume, di versi, che il rapace Arces[54] carpisce alla creatrice dietro la promessa di una somma, nonostante l'opposizione di lei per il carattere privato delle liriche di sentimento (P., p. 148-149). Inutile dirlo, nella magia

---

[54] Sotto nel testo (P., p. 170), definito scherzosamente da Perla "Barba-blù" (sic) – là dove l'appellativo rammenta la definizione di "orco" spesso adottata dalla Vivanti per il burbero Carducci.

della primavera con i *Canti d'allodola* il successo non si smentisce. Anzi questo secondo testo, preceduto da un'avvertenza dello stesso editore – non, come i *Racconti*, da uno scritto di Alfonso Romei – conferma la popolarità di Perla, sul cui ampio spettro di lettori Jolanda ci ragguaglia per categorie: dalla signora elegante alla mondana, dai dotti alla maestrina e alla sartina, dagli uomini di affari agli impiegati e alle attrici (P., p. 206).

La terza prova dell'autrice è, come tradizione impone, un romanzo. Iniziato nell'inverno di raccoglimento, il manoscritto è recuperato dopo le nozze, l'estate seguente, nella precedente dimora. E proprio la visione del lavoro, interrotto ad un punto avanzato, infonde nell'artista la doppia coscienza del torpore dell'energia creatrice – soppressa dall'estasi della sospirata unione matrimoniale con Alfonso – e della responsabilità di preservare il suo genio (P., p. 288-289). Il lettore è definitivamente illuminato sulla "via" della storia nel momento in cui, al rientro della moglie, Alfonso ne estrae dal baule dei manoscritti le sue lettere per rinchiuderle "come salme innocenti nell'ombra d'un sepolcro" (P., 293) nel proprio scrittorio. Sarà poi l'assenza prolungata del marito – in concomitanza della partecipazione ad eventi letterari (tra cui una conferenza e un congresso) a Firenze e Roma[55] – a consentire la ripresa febbrile dell'attività della scrittura "con una voluttà selvaggia, irragionevole..." (come Perla confida ad Alda) e la conclusione del romanzo *L'ignota*, fermo al quinto capitolo incompiuto per un terzo, nell'arco di due settimane (P., p. 316). Alla luce di questo, non stupisce la totale noncuranza (esito del disprezzo) di Alfonso dinanzi al successo di pubblico e di stampa che ne accompagna l'uscita; né, al contempo, il fatto che l'artista prenda addirittura il volo nel momento in cui realizza, contro le pretese del coniuge, l'irrinunciabilità dell'atto creativo.

Dopo oltre un anno di convivenza, cui corrisponde nel racconto un'ellissi di diversi mesi, è lei a trovarsi sola a Milano, ospite di Arces, in occasione del trionfo nel teatro (P., p. 363). Alla fine, nella prigionia del Palazzo del Belvedere, con lo stratagemma del lavoro clandestino all'alba, elude la custodia del furioso Alfonso per dare vita a "Chi può dir com'egli arde e in picciol foco" (P., p. 405), l'ultima, dal maestoso titolo petrarchesco, promettente creatura del suo spirito indomito.

---

[55] Tra gli illustri nomi di coloro che vogliono indurre lo scrittore a passare l'inverno a Roma, "esulando" da Ferrara, spicca Pirandello (P., p. 328).

Al di là della ricezione entusiastica di tutti i volumi pubblicati, anche il relativamente ristretto mondo letterario di Ferrara è a sostegno di Perla. Lo testimoniano le figure del poeta di origini nobili Aldobrandino Rangoni e dei fratelli scultori Donato e Alda Barbieri. Il giovane marchese, innamorato non corrisposto, non può ambire ad altro che ad una viva amicizia, nonostante in lui Alda riconosca il compagno di vita ideale della scrittrice, sensibile, ricco e raffinato, che le permetterebbe di coltivare la sua arte (P., p. 155).

Alda è personaggio centrale nella storia, che fin dall'inizio sprona l'amica a mantenere vivo "il sacro fuoco" della creazione (P., p. 100). E che in termini precisi la dipinge alla madre, ancorata ad un ideale muliebre tradizionale e immutabile: "Certe donne sono nate per la famiglia, ma certe donne sono nate per l'arte, e la prima condizione del loro equilibrio morale, della loro serenità di spirito, è la libertà individuale per fare dell'arte lo scopo massimo, per non dire l'unico, della loro esistenza. E la mia fede è che Perla sia fra queste. Giacché è una vera, una grande artista, Perla" (P., p. 207-208).

In generale, nel giuoco di società Perla si mostra donna con un vivo universo di sentimenti piuttosto (e prima) che trepida debuttante nella creazione. Il successo della donna e dell'autrice si alimentano a vicenda. Mentre, al di là del tortuoso percorso della relazione tra lei e Alfonso, nel corso della storia i due scrittori si muovono sempre più indipendentemente. Gradualmente la cieca ammirazione della donna per il compagno si ossida per la presa di coscienza della stessa a partire dai primissimi tempi della vita matrimoniale. Già all'inizio della storia, il celebre Alfonso Romei lancia la nuova promessa letteraria controvoglia, quasi per un fatale presagio della progressiva "migrazione" del valore letterario da lui a lei. Poi non l'aiuta mai veramente: la demotiva già nella fase della correzione delle bozze dei *Racconti del mare*, con sia pur bonari rimproveri per la sua ignoranza delle tecniche più elementari (P., p. 48-49); in seguito non vuole metter mano alle liriche che Arces gli invia in visione.

Dopo il matrimonio il precipitare della situazione è preannunciato dalla scarsa considerazione del lavoro di Perla, di cui sono indice l'ambiente non idoneo e la scrivania riccamente decorata ma minuscola che lui, nel disprezzo per il suo lavoro, le ha predisposto (P., p. 267). La patologica avversione alla stesura del romanzo, ad opera di Alfonso che si arrocca su posizioni sempre più intransigenti, si presenta dunque come logico epilogo dei fatti. Ad essa risponde l'energico contrattacco di Perla, che ricorre infine all'inganno per riuscire a continuare a scrivere nonostante gli ineludibili divieti di chi, conscio del proprio tramonto, si è fatto suo aguzzino. Si tratta di un combattimento, però, intrapreso dai coniugi loro malgrado e frutto dell'esasperazione della situazione: i precedenti segnali dell'avversione di Alfonso alla scrittura della moglie erano stati innumerevoli; mentre essa aveva sempre sperato in un rapporto di profonda comunicazione, di proficua collaborazione artistica.

Alfonso, in ugual grado ma in altro modo da Giustino, è marito troppo invadente a cui la situazione sfugge gradualmente di mano. La lotta che i due uomini conducono è estrema perché entrambi, insieme alla funzione di compagno maturo e di agente, hanno tutto da perdere.

A ben guardare, chi guida Perla alla scoperta del suo universo interiore è Alda, l'amica artista che Alfonso – di ciò occorre dargli atto – le ha presentato. È Alda che la induce a perseverare nel lavoro indefesso; sempre. Ed è il suo consiglio finale, in occasione dell'ultima visita di Perla in fuga dal suo tiranno alla famiglia amica, di non scrivere al momento, se Alfonso non lo tollera (P., p. 400), a comunicare al lettore, nella sua contraddittorietà alla luce della figura della scultrice, l'approssimarsi della fine. Alda parla ora da donna, si conforma all'ordine sociale costituito; questo non le si addice e stride nella storia, mentre la trasgressione artistica di Perla ne esce ulteriormente nobilitata. Sono le spie dell'irrompere della tragedia.

Pur senza elementi esterni che ne osteggino l'attività, Emilio Brentani non ha mai l'opportunità di dedicarsi interamente alla letteratura. Lo svolgimento di un'attività professionale, non particolarmente soddisfacente né lucrativa, è irrinunciabile per la necessità di provvedere economicamente a sé e alla sorella minore di cui è, e tale gli piace ritenersi, unico punto di riferimento nella vita quotidiana.

Ma in rapporto all'esercizio della scrittura, come pure alla gestione del caos dei sentimenti che l'avventura amorosa gli ha provocato, Emilio Brentani è solo. Anche se in apparenza sembra che, come avviene per Perla e Alda, l'affezionato amico sculture gli resti costantemente al fianco, in realtà la sua funzione di conforto si limita ai ripetuti tentativi di svilire la figura di Angiolina agli occhi dell'innamorato.

Lo stesso accade nella sfera dell'arte, nella quale i due seguono un percorso del tutto autonomo. Disquisiscono insieme di arti rappresentative, ma in effetti riservano alla scultura e alla scrittura uno spazio e un ruolo assai diverso nell'economia dell'esistenza. Stefano, anche se non particolarmente dotato né celebre, è un artista; Emilio un ex romanziere di mediocre successo, che il narratore ci dice anche autore di "critica musicale avvenirista" – lasciando intravvedere altre manifestazioni della scrittura: "Che cosa non aveva fatto in sua vita (sic)?" (S., p. 129).

Emilio è più giovane e colto, ma con un'esperienza della vita assai minore. Atletico e intraprendente nelle relazioni sociali e amorose, Stefano è contento della propria limitata fama perché confortato da un successo personale inaudito. A rassicurare Emilio in tal senso non vi è nulla, se si prescinde dalla presenza dell'inseparabile sorella che, da "accessorio" domestico, con la morte si fa compianta immagine d'affetto. Suo elemento complementare, essa è accanita lettrice, che riconosce la storia del fratello nel "mezzo migliaio di romanzi" letti. Lui scrive, lei riceve; e attraverso il destino di Emilio ravviva il proprio fino a condividerne la stessa avventura (S., p. 39). Ancora una volta, il suo è un sostegno silenzioso. Ma lui non se ne avvede e non si occupa di Amalia se non per quanto rientra nella sfera angusta del sostentamento materiale. È egoista; come lo è Balli, persuaso della propria genialità che gli permette di insegnare nel campo dell'arte all'amico.

A quello che appare l'orizzonte esistenziale assai limitato di Brentani si contrappone tuttavia il suo approccio all'arte più curioso e ardito, evidente nelle teorie letterarie complesse che lo scultore, come tutto ciò che ignora, detesta. Per contro, in presenza del sesso femminile Stefano mostra un atteggiamento di compiaciuta sufficienza che ben s'intona alla presunzione di conoscerne i segreti; mentre Emilio è irretito dall'ambiguità delle vicende dell'amata, e vi resta avvinghiato, facendone addirittura un soggetto per la scrittura. Ostinato e caparbio, sa contare sulle sue sole forze, lottando da autentico artista.

In tale contesto si colloca nel romanzo la ripresa della penna che, sia pure con esiti creativi diversi rispetto al precedente lavoro edito, si associa ancora ad un momento difficile per l'autore. Nell'occasione della prima opera, una storia d'amore prodotto della fantasia, "l'arte gli aveva colorita la vita sottraendolo all'inerzia in cui era caduto dopo la morte del padre" (S., p. 135). Nella nuova fase di vita la letteratura si identifica con il genere autobiografico, nel quale l'autore si appresta a cimentarsi per la prima volta.

Questa la genesi del progetto del romanzo sulla storia d'amore con Angiolina. Senonché, mentre Emilio giovane viene ad essere rianimato dal proprio racconto, che avrà una sua vicenda editoriale, per Emilio più maturo lo sfogo autobiografico ha un carattere effimero, e si risolve nel primo capitolo sull'incontro tra i due scritto nell'arco di una sola sera. Nell'impetuoso lavoro narrativo prendono forma l'astio e l'ira per la donna, che già all'inizio vi appare figura meschina dai sentimenti ambigui. Ma il testo non ha seguito perché al momento della rilettura, la sera seguente, Emilio può constatare il carattere poco realistico e del tutto insoddisfacente dei due personaggi rappresentati. E, sulla base dell'incapacità di superare il nuovo stato di abbandono e l'inaridimento della vena creativa, il narratore riferisce caduto nel nulla il proposito di una prossima ripresa.

Come si legge nello stesso desistere, il rinnovato sforzo artistico appare del tutto consapevole. Nel momento in cui lo scrittore ferma la storia, sa che il suo prototipo è concluso. Egli rimpiange di non avere iniziato a rappresentare la relazione alla sua origine, nel momento dei primi tormenti, conferendo in tal modo all'arte il supporto diretto dell'esperienza: "Se avesse scritto invece di arrovellarsi [...] avrebbe certo trovata la via all'arte che più tardi aveva cercata invano. Ma tutto era passato per sempre. Angiolina viveva, ma non poteva più dargli la giovinezza" (S., p. 137).

Nel caso specifico di Emilio, passato dall'inesperienza giovanile all'atteggiamento di generale chiusura alla vita – indicato nello stesso termine, prematuramente applicato, di "senilità" – la scrittura rappresenta una sfida troppo ardua.

Ugualmente solo è lo scrittore Gino Cornabò, protagonista di un combattimento chisciottesco contro l'intera società. E proprio a partire dal malessere, di cui il protagonista negletto da tutti è preda, prende forma l'opera compiuta del diario. A prescindere dalla presenza gravosa ma irrinunciabile di Adalgisa, il combattente conduce, si avverte da sempre, un'esistenza piuttosto riservata, con pochi contatti sociali rivolti a stabilire relazioni importanti per ricevere incarichi o onorificenze utili nella corsa alla celebrità, o ancora, finalizzati ad un incontro amoroso che dia conferma del valore in ombra. Due chimere. Né per la pratica della scrittura si intuiscono condizioni diverse; ne sono prova la destinazione privata dei manoscritti precedenti, e il silenzio che ne avvolge la genesi oltre che i temi specifici.

Per chi non si può aprire un varco verso la luce della fama, il diario, in cui l'intera società riveste il ruolo di antagonista, è allora canale comunicativo fondamentale. Per quanto concerne il destinatario, frequente è il richiamo, in allocuzioni, dei posteri di cui si precisa in più punti il carattere di interlocutori privilegiati rispetto ai contemporanei irriverenti.

Altri degni confidenti sono i personaggi celeberrimi dell'universo inviolabile della storia; tra i quali – là dove anche nel criterio del più famoso si irride il delirio meschino dell'io narrante – Napoleone, Dante, Colombo. Partecipi della medesima sorte di incomprensione e persecuzione del protagonista, essi costituiscono presenze rassicuranti e gli schiudono un orizzonte di riscatto: se per lui la pena è in corso, essi sono ormai immuni da ogni forma di giudizio espresso dai loro contemporanei.

Le due dimensioni temporali vengono poi a fondersi. Nel riconoscimento da parte dei posteri Gino vede l'estrema opportunità di rivincita in quanto confida nel fatto che questi, nella loro prospettiva più ampia e lucida, lo assoceranno ai nobili del passato "che mi hanno preceduto in questa dolorosa *via crucis*: da Tommaso Campanella, a Silvio Pellico, da Galileo Galilei a Michele Cervantes, da Cristoforo Colombo a Benvenuto Cellini" (G.C., p. 44). Ugualmente, la lettera iniziale di addio alla vita si chiude con l'immagine di Gino che, nella luce dell'Empireo, è accolto con onore dai grandi della storia e della cultura (G.C., p. 16).

A Cornabò preme asserire la propria autonomia rispetto alla società massificata dei suoi tempi, per cui è con ostentata sufficienza che guarda i benestanti senza talento che irrompono continuamente sul suo cammino. Del resto, il mancato adeguamento alle regole di un mondo ingiusto e miserabile ha origini antiche. Lo attesta la caparbia eroica manifestata in età scolare nell'avversione allo svolgimento dei compiti durante le vacanze (G.C., p. 18).

Alla resistenza alla povertà e al degrado dell'esistenza non fa però riscontro un'uguale costanza sul piano della scrittura, eletta a territorio dell'espressione della competenza, e dello stesso valore, individuali. Gino riferisce di avere al suo attivo volumi di critica, un poema e un soggetto cinematografico rivoluzionario rifiutato da ogni parte (G.C., p. 269-270). Tutti testi inediti, citati in più occasioni, di cui lamenta l'indifferenza da parte del mondo editoriale. Forte è la carica umoristica che sprigiona dai ringraziamenti non più che cordiali, riportati nel testo, da parte di eminenze del mondo letterario destinatarie di copie del suo lavoro lirico *Et ultra*. Nelle parole, tra gli altri, di Ferdinando Martini, Marinetti, Palazzeschi, Papini, Croce e Annie Vivanti, egli legge un "plebiscito di lusinghieri giudizi" (G.C., p. 143) che contrasta con il destino dell'anonimato.

Se però da un lato il disinteresse comune pare non scalfire in profondità l'autostima dello scrittore, dall'altro i suoi diversi nuovi progetti letterari non giungono a realizzazione. In assenza di un qualche segno di ricezione positiva a conferma della validità dello sforzo creativo, al momento della stesura del diario Gino si è da tempo tristemente rassegnato a deporre la penna. Si esime dal mettere di nuovo in gioco tutto il suo talento per potere, così, seguitare a crogiolarsi nella propria emarginazione. Nonostante ciò, alla fine della storia gli si affianca Memo, il giovane figlio di una delle sue padrone di casa, "Un letteratoide, uno scemone lungo lungo, lentigginoso e ossuto", da lui stesso messo a parte della vasta produzione letteraria (G.C., p. 330). Ma si tratta di una presenza del tutto indesiderata, la cui limitatezza e insistenza generano in Cornabò un notevole fastidio. Suo malgrado, Memo, che vede in lui il "maestro", lo incalza in tono puerile: "E come si fa un romanzo? E quanto dev'essere lungo? E il fatto bisogna pensarlo prima?" (G.C., p. 336). Alla vicinanza più che seccante del ragazzo si lega, infine, l'apoteosi della scalogna dello scrittore, ancora una volta effetto della vanagloria: credendo la lista dei suoi creditori (ovviamente stilata ad uso dei posteri) un elenco dei "discepoli" del maestro (dietro informazione dello stesso), Memo ne esorta tutti i nominati a porgergli gli auguri di Natale, con conseguenze prevedibili (G.C., p. 337-338).

La stesura del diario ha soppiantato per Cornabò – deluso da un mondo letterario che nel romanzo non si cessa di dileggiare – le altre opere colte; per la natura consolatoria di questa particolare forma di atto comunicativo, nonché per il valore riabilitante già messo in luce.

Si tratta di un lavoro strutturato e ampio: le registrazioni, dal 1934 al 1940, occupano uno spazio minore per i primi tre anni e quasi un terzo dell'intero romanzo per il 1939. Non avvengono a cadenze regolari: raramente ravvicinate, più frequentemente settimanali o oltre, intercalate da tre lunghi silenzi (dal 16 luglio 1934 al 12 gennaio 1935, dal 21 settembre 1935 al 2 luglio 1936, dal 10 giugno al 4 novembre 1940). Gino scrive di nascosto da Adalgisa, e persevera a dispetto dello sconforto e della perdita di fiducia. Persino nel parlare della noia provocatagli dalla stesura del giornale si pone accanto una degna compagnia, quella di Napoleone che in esilio "tentava di scrivere le proprie memorie" (G.C., p. 236).

Per dare coerenza al dramma della sua figura grottesca, e insieme forza alla satira, Campanile fa sancire il termine della scrittura dalla stessa fine dell'autore. In un'opera "chiusa" in cui, appunto perché si capta l'assenza di ogni deviazione di percorso, non si può non rimarcare la miniera dei dettagli e delle variazioni escogitate nello schema degli episodi di cui si compone la storia del protagonista.

Al fianco di Nancy si apre invece una galleria di personaggi e di comparse nettamente delineati.

Dinanzi a tutti è Valeria, che addirittura stabilisce da subito che la figlia sarà un genio. E la predestinata, alla quale non resta che l'elezione del campo dell'eccezionalità, fa ricadere la scelta sulla letteratura. Fin dalla prima infanzia preferisce la lettura, per voce della governante Fräulein Müller, dei poeti tedeschi ai racconti e alle melodie per l'infanzia (D., p. 62). E già indicativa di una precoce sensibilità letteraria è l'immagine concepita dalla bambina per illustrare, in una riflessione tra sé e sé, la relazione tra i pensieri e le parole che le esprimono: "Ci deve essere per la poesia un Mago che tiene tutti i pensieri chiusi in una stanza buia e tutti i vestiti dei pensieri – che sono poi le parole! – chiuse in un'altra. E il gioco è di trovare i vestiti giusti per i pensieri [...] Quando sarò un grande poeta [...] spero di non condurre attorno dei rospi di pensiero vestiti d'argento..." (D., p. 108-109).

Con l'accanimento irrazionale dei bambini si accinge a coltivare il proprio talento creativo come un automa. Cresce capricciosa e caparbia: tutta presa dal suo egoismo compone in un silenzio non facile da creare nell'ambiente domestico[56]. A tal fine si adopera già Edith in Inghilterra, che "in punta de' piedi andava a chiudere porte e finestre, perché nessuno venisse a disturbare la piccola poetessa, o a far prendere il volo a una sola farfalla della sua fantasia" (D., p. 82); come in seguito la cugina Adele a Milano, quando l'attività della poesia è ufficializzata; e, più tardi, Aldo incaricato di ricevere tutte le visite e privato dell'uso del pianoforte perché la giovane sposa possa concentrarsi in un "silenzio riverente" (D., p. 200).

Ancora a Milano, dalla memoria della ragazzina prodigio tutta rivolta a sé svanisce col tempo anche il ricordo della giovane zia amatissima ricoverata a Davos per il mal sottile, compagna dei giochi d'infanzia nel magico giardino nell'Hertfordshire. Sentenzia la voce del narratore: "Poiché fanciulli e poeti sono immemori ed egoisti. Ed un fanciullo che è poeta, è doppiamente egoista e doppiamente immemore" (D., p. 129). E immagine

---

[56] Cfr. Didier, Béatrice, *L'écriture-femme*, Presses Universitaires de France, Paris 1981. Secondo l'autrice, per creare oltre allo spazio materiale la donna-scrittrice (nel suo testo non si tratta specificamente del personaggio introdotto) abbisogna di una zona di silenzio, "intorno a lei e in lei" (p. 13).

del percorso di crescita della giovane poetessa, in rapporto agli eventi che ne segnano la biografia, è l'arrivo contemporaneo per via postale delle bozze del suo primo libro di liriche e di una lettera listata a lutto indirizzata alla madre – le prime motivo di maggior impressione per l'artista.

Poche righe in cui non si può, trasgredendo agli obiettivi della presente lettura, non vedere riflesso lo "sbocciare" della stessa Vivanti, valgono a delineare l'ascesa di Nancy nella sfera della fama: "Nancy passò dal soave crepuscolo della puerizia all'abbagliante clamore della celebrità [...] Fu intervistata e citata, imitata e tradotta, invidiata ed adorata" (D., p. 131).

Tuttavia, prodotto geniale della propria famiglia, la ragazza, un po' ingiustamente, pare che non si possa veramente emancipare nell'approccio alla creazione. Il supporto nel raggiungimento della concentrazione non è effettivo; i contatti sociali e i riconoscimenti fagocitano per primi le energie dell'artista.

La casa della zia Adele è sempre invasa dai vari "tipi" di poeti, figure stilizzate in tono umoristico, occupati nella promozione dell'opera individuale nell'ambito di quello che ormai si intuisce ambito salotto letterario: "Sedevano intorno a Nancy e le leggevano i loro versi. E le critiche dei loro versi. E le loro risposte alle critiche dei loro versi. V'erano dei tempestosi poeti con barbe in punta; dei fortunati poeti coi baffi all'insù; dei cupi poeti non stampati; e dei poeti negligenti che si lavavano poco" (D., p. 131). L'apice del trionfo è costituito dall'invito della regina al Quirinale a leggere i versi composti. Tutto come nelle fiabe: la partenza immediata per Roma, con al seguito le immancabili Valeria, Adele e Carlotta; l'incontro con la sovrana, di cui si evidenzia la nobile semplicità, che in un bacio le esprime tutta la propria ammirazione (D., p. 132-134)[57].

In quest'aura di sogno, per Adele è naturalmente un onore servire la prima colazione alla "piccola Saffo d'Italia" e leggerle la corrispondenza (la voce della stampa che la riguarda, i messaggi degli ammiratori). Sulle fragili basi del riconoscimento pubblico nei suoi termini più piatti ed effimeri, si costruisce dunque, in gran parte non per suo merito, la fama di Nancy – che non nasconde al cugino Nino di non aver letto D'Annunzio e, in compagnia

---

[57] Il medesimo privilegio toccherà alla figlia Anne-Marie che, dopo aver suonato a Berlino "nella consacrata *Saal der Philarmonie*" in presenza dei venerati Max Bruch e Joachim (D., p. 452), invitata dal sovrano inglese, al termine dell'esecuzione ne riceve un bacio (D., p. 460).

della madre e di Carlotta, assiste rapita alla lettura delle *Rime Nuove* di Carducci per voce dello stesso (D., p. 138-139).

A causa del tempo sottratto dai contatti sociali connessi al trionfo, l'attività della scrittura della giovane, come accade a Perla sposa novella di un Alfonso Romei sempre più assorbito dalle relazioni mondane nel mondo letterario, subisce una sospensione di cui nulla porta a prevedere il termine. A quello che già si intuisce un conflitto d'attenzioni, fa pendant la quasi contemporaneità di due incontri maschili cruciali per l'artista.

Prima in ordine cronologico è la visita inaspettata di Paul Kingsley, un critico letterario inglese impegnato in un saggio sulla lirica di Nancy per la "Fortnightly Review", venuto per conoscerne i progetti e le prospettive future. Deluso alla notizia della stasi momentanea della scrittrice, gliene domanda, senza ricevere risposta, la ragione, per poi congedarsi con l'augurio di un lavoro assiduo e produttivo. La spontanea cortesia e la positività del giovane non lasciano indifferente la ragazza che, pronta ad accoglierne l'esortazione, stila una lista dei progetti di scrittura: "concetti ed idee che da mesi le turbinavano nella mente, ma che sempre erano dispersi da frivole visite e futili conversazioni" (D., p. 142).

Poi sorge dai flutti della vita la figura di Aldo della Rocca, cognato della sorella di Nino, Clarissa, e dalla stessa preannunciato quale emblema di avvenenza e fascino. Già nella prima movimentata uscita in *tilbury*, Nancy cade vittima di un incanto. La folata di vento che dopo, al rientro nella sua stanza, disperde il foglio delle "splendide possibilità" da realizzare (D., p. 148), è premonizione di una battaglia (impari) contro la natura stessa... che lascerà per sempre tali i disegni per il futuro. A nulla valgono le ripetute incitazioni del critico inglese nella sua seconda visita, in cui constata l'inattività persistente della giovane promessa, sempre distratta dalle troppe frequentazioni. Per difenderla dalle interferenze esterne, questi esprime il desiderio scherzoso di segregarla in una stanza con libri, scrittoio e calamaio per favorire il compimento del capolavoro (D., p. 150).

Gli eventi posteriori all'apparizione di Aldo, per la maggior parte del testo, sono dominati dall'interazione tra i due opposti richiami del sentimento (nelle sue varie declinazioni) e della scrittura. A ciò contribuisce il fatto che, diversamente dalle sue sorelle autrici, Nancy elegge ad oggetto d'amore una persona posta al di fuori del territorio della creazione. Mentre il rapporto fin da subito confidenziale e l'istintiva simpatia provata per il letterato inglese Paul Kingsley, che pure ancora dopo il matrimonio le si riaffaccerà alla memoria a rammentarle il dovere accantonato (D., p. 195)[58], non sono destinati ad evolversi in un sentimento più coinvolgente, né a dar luogo a successivi incontri: lei presagisce fin da subito di non potersi porre sulla strada che lui le indica.

Nell'aspro conflitto che pervade il testo dei *Divoratori*, risulta puntualmente procrastinato il lavoro del romanzo, presupposto per una maturazione dell'artista, di cui, dopo le spontanee manifestazioni liriche che ben s'addicono alla giovinezza, si impone la necessità ai fini di una carriera letteraria coerentemente strutturata. Lo illustra già l'episodio del soggiorno nella villa di Clarissa sul Lago Maggiore.

Invitata dalla cugina per creare il suo *chef d'oeuvre* in un ambiente suggestivo – in una lettera in cui la si alletta con l'offerta di una stanza ampia e luminosa "con un grande tavolo ed un gigantesco calamaio" (D., p. 166) – distratta invece della compagnia dell'incantevole Aldo, la scrittrice non riesce a dedicarsi al lavoro, e lascia dunque inutilizzati i preziosi appunti e la penna d'avorio. Ancora una volta è privata della quiete, presupposto per un lavoro concentrato.

La stasi della produzione subisce un arresto nel periodo immediatamente successivo al matrimonio; ma la rinnovata energia di chi, nell'unione coniugale, ha potuto ripristinare le sperate condizioni di tranquillità favorevoli alla creazione – pur in un'atmosfera oscurata dalla poca intraprendenza di Aldo, a cui il fratello Carlo, imprenditore nel settore della filatura della seta, accorda il proprio sostegno finanziario per un anno – dovrà poi essere a breve investita nella cura del baby. Né la ripresa del manoscritto è possibile nel periodo di New York, in cui sono assolutamente prioritarie l'educazione e l'istruzione di Anne-Marie, in un momento di difficoltà finanziarie sempre più pressanti. Nella confusione domestica, non è condotta a realizzazione nemmeno l'idea di un secondo ciclo di liriche, *Poemi di Puerizia*, visto inizialmente come obiettivo più compatibile con le attività quotidiane (D., p. 317, 321).

A riavvicinare Nancy alla penna, sostituendosi in un certo modo al manoscritto, è la corrispondenza epistolare tenuta con "Il Selvaggio", nella quale l'autrice abbandona quasi la propria identità: "Era Quella delle Lettere [...] una creatura selvatica, libera, ardente e lieta" (D., p. 362), essere antitetico della prigioniera, spenta e triste figura della giovane mamma

---

[58] In una lettera, ricevuta in concomitanza della decisione del matrimonio, il letterato la esortava ancora al lavoro (D., p. 175).

abbandonata a se stessa dal marito. Poi sulla costa ligure, in viaggio con il misterioso e magnanimo "Sconosciuto" incontrato infine di persona a Parigi, messolo a parte del suo lavoro di scrittrice essa ne riceve la proposta di stabilirvisi con la bambina per dedicarsi completamente al Libro (D., p. 408-409).

Tuttavia, ancora una volta al proposito creativo si frappongono le esigenze della formazione musicale della figlia, per la quale deve trasferirsi a Praga. Anche qui, pur essendo seriamente intenzionata a riprendere il lavoro, potendo contare sul supporto finanziario di Robert accettato per due anni, l'autrice si sente lacerata dalla tristezza e privata dell'ispirazione. Pertanto prega per lettera il benefattore di ricondurla in Italia per recuperare l'estro venuto meno, "in qualche asilo fiorito e solitario, dove io possa riudire la voce della mia fantasia riparlarmi nel linguaggio di mia madre" (D., p. 423). Infine, nemmeno nella seconda richiesta è perseverante: conscia del dovere del sacrificio assoluto al talento della figlia, ripone i manoscritti definitivamente[59].

In questo nuovo appello alla magnanimità del corrispondente, è interessante notare la variazione sul tema dell'impedimento alla scrittura: ora al *Leitmotiv* delle difficoltà dell'applicazione nel romanzo si sovrappone l'assenza della "dolce cadenza latina" complice del languire dell'ispirazione. È un fatto interessante che, se da un lato smorza la consistenza della difficoltà oggettiva facendola sempre più assomigliare a un pretesto, dall'altro induce un collegamento tra l'argomento addotto da Nancy e le osservazioni della Vivanti a proposito dei *Devourers* riproposti in italiano:

> ho riscritto il libro nella mia lingua paterna. Eccolo ora adorno di sonanti aggettivi latini, cinto dell'ampio fraseggiare italico come da una sciarpa vermiglia... Eppure ora che lo vedo così, mi pare che somigli un poco a un inglese vestito da ciociaro. Perché? Forse perché fu pensato e scritto lontano dal vivido sole italico che illuminò la mia infanzia, lontano dalle tempeste che cinsero di fulmini e di fragori la mia adolescenza[60].

Si tratta, in entrambi i casi, di una considerazione sul ruolo determinante della lingua, per l'autrice reale ai fini specifici del suo adattamento al testo preesistente; per la sua assai più insicura protagonista come presupposto

---

[59] Nel frattempo, raggiuntala a Praga, Robert le comunica di avere assecondato anche il suo nuovo desiderio e di averle procurato in Italia un rifugio ove dedicarsi all'arte (D., p. 428-429) – là dove l'idea di uno spazio chiuso, a tale fine, ricorda le parole del congedo di Paul Kingsley – v. p. 58 del presente lavoro.

[60] Vivanti, Annie, *Zingaresca*, Quintieri, Milano 1918, p. 245-246.

dell'attività creativa. Naturalmente, tale problematizzazione del mezzo espressivo va riferita sia alla formazione che all'esistenza stessa dalle due scrittrici condotta all'interno di più ambiti culturali (e su questo aspetto di Nancy si tornerà in seguito). In tal modo, la natura della protagonista come immagine speculare dell'autrice di primo grado risulta ancor più articolata: di fronte a sicure similitudini biografiche (anche Vivien, figlia di Annie, è bambina prodigio del violino), la penna di Nancy giace mentre quella di Annie Vivanti è una delle più prolifiche dei suoi tempi, e il problema che impegna positivamente l'una – rappresentando una sfida sul piano letterario – è invece per l'altra causa di demotivazione.

Come si configura nella storia, l'olimpo letterario, qui sta il paradosso, risulta definitivamente precluso all'autrice dalle medesime istanze (l'amore materno) che glielo hanno posto all'orizzonte. E alla fine tutto rientra nel circuito del fallimento: non immersa nella madrelingua, Nancy non può scrivere.

Le tre scrittrici vivono situazioni affettive atipiche. Accanto al coniuge sotto diversi aspetti accentratore si osserva una giovane presenza maschile che capta il tormento della donna artista e sa leggerne in profondità nell'animo. Una figura non determinante a fini della storia, ma che ha parte importante nel processo di autoriconoscimento della protagonista.

Nel romanzo di Pirandello, tra tutti i "giovani letterati e giornalisti chiomati e vestiti di soperchio" (S.M., p. 158) ne emerge uno anonimo, che a Cargiore sorprende l'autrice durante un'uscita all'aperto con il bambino e si mostra immediatamente con lei simpatetico. Con il gradevole reporter, venuto da Torino "alla scoperta di Silvia Roncella e del suo romitorio" per intervistarla e fotografarla, la giovane "Si era sentita felice anche lei di parlare [...] Era stata lei quale ormai doveva essere". Ricevuto il giorno seguente il giornale con il servizio che la riguarda, si compiace in particolare delle "espressioni di meraviglia e d'entusiasmo che quel giornalista profondeva, più che per l'artista ormai celebre, per lei *donna* ancora a tutti ignota" (S.M., p. 128). La medesima persona si ripresenta nell'abitazione di Cargiore nella circostanza della morte di Vittorino. In un tono dimesso e umano, il giovane reagisce con incredulità, poi con espressioni di compatimento davanti alla retorica da cui Giustino non riesce mai ad astenersi:

> Queste sono le tragedie della vita, caro signore [...] Non c'è mica bisogno di andarle a cercar sempre nelle isole lontane, tra gente selvaggia, le tragedie

della vita! [...] loro giornalisti dovrebbero spiegarlo bene al pubblico, che se oggi una scrittrice si può cavare una tragedia... così, dalla testa, una tragedia selvaggia, che per la novità piace subito a tutti, domani lei stessa, la scrittrice, può essere afferrata da una di queste tragedie qua, della vita, che stritolano un povero bambino, il cuore d'un padre e d'una madre, capisce? (S.M., p. 217).

Nell'ultima visita il giorno seguente, dopo la sepoltura del piccolo il reporter se ne va con Silvia in automobile, testimone del commiato definitivo dal marito.

Nel romanzo di Jolanda questa è la parte del marchese Aldobrandino Rangoni, che incita in più occasioni Perla a scrivere. È lui ad insinuare nell'autrice l'idea ardita del dramma, visto in una prospettiva artistica – ossia lontano dalla dimensione del calcolo di Giustino – quale "opera di vita per eccellenza" (P., p. 132). E che fino alla fine invita l'amata a non desistere dalla scrittura; mentre Alda, che sia pur donna ha significativamente rinunciato all'amore per dedicarsi totalmente all'arte, arriverà, come si è detto, a consigliare a Perla di rinunciarvi per non irritare Alfonso ormai sconvolto.

L'atteggiamento del giovane letterato inglese che si reca presso Nancy Avory, sul piano della confidenza che si instaura con la protagonista, si pone al centro, tra la comprensione empatica del giornalista piemontese e l'attenzione amorevole di Aldobrandini consolidata dalla conoscenza nel tempo, rimasta intatta nonostante il rifiuto a corrisponderlo di Perla – che, tuttavia, lo ripaga col ben più prezioso diritto di interferire nelle scelte della scrittura.

Senza averla mai avvicinata prima, Paul tenta ogni via di persuasione per scuotere Nancy ancora giovanissima dal suo torpore creativo; ma invano, come rientra nel percorso stabilito dell'autrice.

Un altro incitamento alla scrittura è da parte del "Genio", "il poeta pagano della nuova Roma" – "un fiero uomo, colla testa grigia e leonina e gli occhi impazienti", immagine di Carducci (D., p. 416)[61] – presso il quale la giovanissima poetessa si reca nel momento del trionfo. La presentazione della visita, che si conclude con un autorevole e lapidario "Aspetto e confido"

---

[61] Nel caso del Poeta si inverte il ruolo del divoratore e della "vittima". Sono le "Tre tacite donne, figlie forse del Poeta" ad avere un'espressione rassegnata "come se vivessero giorno per giorno con qualche cosa che le struggesse, che le divorasse". Ad esigere il sacrificio è sempre il Genio, con cui a questo punto della storia la protagonista non viene, dunque, ad identificarsi.

del "Genio", non segue l'ordine dei fatti, ma costituisce un'analessi; collocata nel momento in cui Nancy, rientrata da Parigi nel Nuovo Mondo, è messa a parte dall'attenta e acuta Fräulein della genialità di Anne-Marie. Il ricordo, situato poco prima del congedo definitivo dal manoscritto, arricchisce il "corredo" del rimpianto.

Un destino opposto attende l'affermata scrittrice protagonista di *En passant* (1898), che fa parte dei *Racconti americani* pubblicati dalla Vivanti durante la permanenza negli Stati Uniti[62]. Viviane Carson, vero *alter ego* dell'autrice, è qui padrona di sé e della propria fortuna, artista collaudata nonché lucida conoscitrice dell'animo umano. All'illustratore del proprio racconto *Exit Mary*, Earle Bright, la lega un rapporto sostanzialmente paritario sul piano della collaborazione professionale, nell'ambito del quale si sviluppa un'infatuazione narrata sotto la forma avvincente di diario a due voci. Nel racconto vi è anche un marito, tollerante nei confronti della vivacità della donna (che è detta "scivolare" nell'innamoramento extraconiugale non per la prima volta), figura grossolana e un po' amorfa che lascia alla moglie un'insolita libertà di movimento. Un compagno abilmente tratteggiato che, se certamente non può dirsi interlocutore esperto della protagonista scrittrice, almeno non interferisce con il procedere del suo lavoro. Abile e disinvolta, contrariamente a Nancy Viviane è perfettamente autonoma.

2.2 L'uomo dell'artista e la modella

Nell'esercizio della scrittura, attraverso dinamiche radicalmente diverse ma con unico esito drammatico (poiché dramma si può definire anche la logorante rinuncia di Nancy), le tre scrittrici appaiono fondamentalmente sostenute dalla presenza maschile. Questo si applica, rispettivamente, agli oggetti d'amore di Nancy e alle persone del manager come dell'artista – che finiranno col divenire pervertiti l'uno dalla brama del successo e del guadagno e l'altro dalla gelosia. In tutti e tre i casi, il dono delle migliori energie e di un ampio spazio dell'esistenza – si tratta sempre di alcuni anni, e del prezioso tempo della giovinezza – appare spontaneo.

Più imprudente e precipitosa delle sue sorelle, Nancy Avory sacrifica il talento all'amore. Già il periodo della corte studiata e interessata di Aldo

---

[62] Vivanti, Annie, *Racconti americani*, a cura di Carlo Caporossi. Con una nota di Anna Folli, Sellerio editore, Palermo 2005, p. 60-76.

non è punto produttivo per l'artista, che vive un alternarsi di accessi di ispirazione e puntuali frustrazioni della stessa. A maggior ragione, dopo l'ufficializzazione del legame le mancheranno la concentrazione e le condizioni materiali atte alla produzione letteraria. Entrata nel suo orizzonte l'ingombrante figura di Aldo, l'artista si ritira definitivamente dalla scena.

Considerando la riservatezza e la pacatezza di Silvia, la sua iniziale acquiescenza dinanzi all'attuazione del progetto del marito stupisce solo in parte: se è esattamente la limitatezza delle ambizioni della donna a spiegarne il disinteresse per tutto il lavoro che l'attornia, essa non pare in grado di compiere lo sforzo necessario ad esprimere il proprio dissenso. Pertanto si adegua passivamente, fino a realizzare di essere un individuo capace di un sentire, e poi di iniziative, autonomi. Non si oppone al sopruso in sé. Il processo di ribellione si innesca nel momento in cui essa constata che la propria volontà non aderisce più alle scelte fatte a suo nome. Prima che come donna, si emancipa in quanto essere dotato di pensiero.

Come le diverse figure degli uomini che si muovono, per lo più con leggerezza, nel mondo di Nancy, nemmeno Giustino riceve da parte del suo autore una netta connotazione negativa. Ne è riscontro il mutamento della prospettiva narrativa nel momento in cui si seda il delirio di onnipotenza, in accordo con il principio del relativismo dominante nella produzione pirandelliana. La stessa indulgenza è mostrata, a momenti, da Jolanda nella presentazione lucida e oggettiva della conclamata insania mentale di Alfonso Romei da cui scaturisce la tragedia.

Nell'esasperazione della situazione, davanti alla prospettiva di una condizione subalterna i due mariti sono a tratti recalcitranti, a tratti non più *compos sui*. Responsabile di ciò è la scrittura, sentita quale patrimonio nelle mani della legittima detentrice.

Il cedimento di Giustino è tutt'altro che silenzioso, come si addice alla sua natura spietata, in cui il calcolo arriva a prevalere sull'amor proprio. In tal modo, non sembra toccarlo la derisione di cui è da più parti oggetto per il fervore con cui lavora, che lo lascia indifferente e al contempo lo porta ad inorgoglirsi dinanzi alla moglie: "Lasciali ridere. Vedi? Essi ridono, e io me ne servo e ottengo da loro tutto quello che voglio. Eccole qua, eccole qua, tutte le loro risa... E agitò le mani guardando in giro la stanza; come per dire: "Vedi in quante belle cose si sono convertite?" (S.M., p. 140).

A mettere a nudo il suo squallido dispotismo contribuisce in misura determinante la presa di coscienza di lei, di cui egli usurpa, in ultima analisi, la volontà:

> Si sforzò di non badare al marito; ma come, se lo aveva sempre davanti, là, piccolo, tutto aggiustato, irrequieto, raggiante, e sentiva che tutti da ogni parte lo chiamavano? [...] Ella avrebbe voluto esser per tutto o trattener tutti attorno a sé; non potendo, nel ribollimento dello sdegno, aveva a quando a quando la tentazione di dire o far qualcosa inaudita, non mai veduta, da far passare a ognuno la voglia di ridere, di venir lì per mettere in burla il marito, e col marito, per conseguenza, anche lei [...] Le toccava, invece, di sopportar la corte quasi sfacciata che tutti quei giovani letterati e giornalisti si permettevano di farle, come se ella, avendo per fortuna un marito di quella fatta, così felicemente disposto a esibirla a tutti [...] non potesse, non dovesse rifiutarla, quella corte, anche per non dare a lui questo dispiacere.

Ma la scrittrice riconosce, infine, il potere esplosivo di tutto il risentimento covato dentro di sé, che sa in grado di far vacillare un equilibrio percepito dapprima da entrambi come irrinunciabile; sente che "ormai così senza più alcuna voluta consistenza interiore, l'animo suo poteva cambiarsi in un punto, rivelarsi da un istante all'altro capace di tutto, delle più impensate, inattese risoluzioni" (S.M., p. 141-142). E nel tormento che la avvinghia reagisce con l'argomento a lui più familiare: "Dobbiamo seguitare così? [...] Ti avverto che così io non posso fare più nulla [...] Non posso pensare [...] Potevo lavorare ignorata, quando non mi sapevo neanche io stessa! Ora non posso più nulla! è finita! Non sono più quella! non mi ritrovo più in me!".

Se alla scrittrice sono chiari gli effetti devastanti della pressione a cui è sottoposta, implacabile resta lo spirito calcolatore del marito, che si adopera per condurla sul suo medesimo squallido piano: "– Ora che si comincia, è finita? Ma che dici? Scusa, quando si lavora, perché si lavora? Per raggiungere un fine, mi pare! Tu volevi lavorare e restare ignorata?". Nel suo interrogativo retorico l'agente ha colto nel segno: Silvia vuole "Lavorare per lavorare, e nient'altro! senza sapere né come né quando, di nascosto a tutti e quasi di nascosto a me stessa!" (S.M., p. 143).

In tal modo, i due caratteri incarnano i due aspetti della produzione artistica, che Pirandello ha nettamente diviso: quello creativo e quello istituzionale[63].

---

[63] Benedetti, *The Tigress in the Snow* cit., p. 27.

È evidente: a dividere la coppia è un'incomunicabilità di fondo. È il baratro aperto dalla questione della vita nell'arte che riguarda solo Silvia, da Giustino tacciata *tout court* di ingenuità; che si ripresenta in riferimento alla scarsa considerazione di cui lui gode a livello pubblico, compatita con la noncuranza che procura la fierezza nell'obiettivo: "– Tu lavora per nulla, come prima; ritorna a lavorare come ti pare e piace; e lascia il pensiero a me del rimanente [...] Tu mi dài carta scritta [...] bùttala; io la prendo e te la cambio in denari ballanti e sonanti" (S.M., p. 144).

D'altra parte, la pratica della letteratura si colloca in un rapporto a due fin da principio non basato sul sentimento, di cui passo passo si rivela l'inconsistenza:

> Ebbene, anch'ella aveva sposato senz'amore, mossa dalla necessità di prendere uno stato e persuasa da un sentimento di stima e di gratitudine per colui che la toglieva in moglie senza adombrarsi di un'altra grave colpa, che avrebbe dato ombra ai compaesani, oltre all'ospitalità del padre: la sua letteratura. Ma ecco, ora egli s'era messo a far bottega di quel segreto su cui era edificata la stima, la gratitudine di lei; s'era messo a vendere e a gridare con tanto baccano la merce, perché tutti entrassero nel vivo segreto di lei e vedessero e toccassero [...] Più di tutto in quel momento la offendeva che gli altri potessero credere che ella amasse ancora un tal uomo o gli fosse peraltro devota [...] così non poteva più seguitare a vivere, ella: lo vedeva (S.M., p. 146).

È una forma di assoggettamento perversa, che la parte subordinata non è più disposta ad accettare: addirittura "Grata doveva restar lei, per giunta, al marito che la trattava come il villano tratta il bue che tira l'aratro, come il cocchiere tratta la cavalla che tira la vettura, che l'uno e l'altro si prendono il merito della buona aratura e della bella corsa e vogliono esser poi ringraziati del fieno e de la stalla" (S.M., p. 158).

Nel corso della storia si dilegua ogni parvenza di legame autentico tra l'artista e il suo agente: pur restando ancorato alla propria posizione, egli è ormai impassibile davanti al venir meno di ogni forma di remissività. Addirittura fa mostra di non prendere in considerazione le reiterate visite di Gueli al villino, sorvolando sull'instaurarsi tra lui e la moglie di una più stretta forma di confidenza.

Ma al precipitare della situazione, dopo lo scoppio dello scandalo degli spari, alla presenza di Dora Barmis, Raceni e altri amici letterati e giornalisti accorsi a sostenerlo, Giustino prorompe in un impeto di disperazione. Ha preso visione della lettera di Silvia, che nel separarsi gli lascia tutte le sostanze accumulate durante il matrimonio, e non la preserva dalla stampa. Sotto il peso dell'oltraggio, lamenta l'irresponsabilità indegna dopo tutto il suo prodigarsi per promuovere l'immagine pubblica dell'artista: "Qua, ella, in questa lettera, sissignori, dice che mi lascia tutto! Ma lascio tutto io, io a lei! Ne ho schifo! A lei, io, io ho dato tutto [...] me ne ritorno dal mio figliuolo, io, senza nulla, rovinato [...] Non ho mai pensato neanche al mio figliuolo... io, per lei!".

Sono ora parole senza alcun obiettivo – non più dirette, come in precedenza, a persuadere Silvia dell'irrinunciabilità della propria funzione – in cui lo stesso porre il bambino sul piano delle altre "rinunce" è chiaro effetto di quello che è, ormai, stato di quasi-dissociazione. E che suscitano inevitabilmente la pietà dei presenti, solleciti nel pensare ad un incarico sostitutivo per chi, nonostante le colpe evidenti di cui si è macchiato nel ruolo di marito-agente, si è conquistato un'imperitura fama di segretario efficiente. Come commenta il giornalista Casimiro Luna, "Ah, bisognerebbe assolutamente, poverino, che subito qualche altra scrittrice, subito se lo prendesse per segretario! Peccato, peccato, che quella Barmis là non sappia scrivere... È proprio sublime, poverino!" (S.M., p. 191).

Solo dopo la rottura cruenta di un legame ormai meno che apparente, le energie, e con esse il delirio, si sopiscono. Nel settimo capitolo del testo, *Lume spento*, raggiunti la madre e il figlioletto a Cargiore, senza più la presenza di Silvia su cui definirsi, egli si riduce l'ombra di sé, del marito che era; abulico e degno di compassione. Un effimero recupero dell'immagine passata si legge nel momento in cui, venuto a mancare Vittorino, è lui a comunicare con il giovane giornalista nel tono retorico e altisonante che gli era familiare ai tempi dell'attività manageriale[64]. Ormai monumento di se stesso, stende un messaggio per la compagnia del lavoro teatrale della moglie al momento rappresentato a Torino, in cui "si annunziava la morte del bambino, chiedendo che fossero sospese le repliche del dramma; previo annunzio al pubblico del grave lutto dell'autrice. Era firmato *Boggiolo*" (S.M., p. 216). Mentre la nuova Silvia modifica prontamente il testo facendone depennare "l'annunzio al pubblico".

Oltre che artista, Silvia sa essere donna. Destituito dal suo ruolo, Giustino non è più nulla.

Agli antipodi, ed equamente distanti da Giustino, si collocano le due figure di Alfonso Romei e Aldo della Rocca, che pure portano le stesse

---

[64] V. p. 61-62 del presente lavoro.

iniziali. Nonostante il tratto comune di un egocentrismo che si diluisce in tutto il racconto, quest'ultimo si mostra fatuo e faceto, restio ad assumersi ogni tipo di responsabilità nei riguardi della famiglia, che alla fine lascerà priva di guida e senza mezzi. Privo della carica progettuale di Giustino e dei tratti di un degno "artista consorte", è in primo luogo simpatico e inetto chiacchierone.

A sua volta, canta magnificamente per allietare la compagnia degli ospiti. Per impressionare Nancy appena conosciuta, esegue al piano romanze da lui composte sulle sue liriche; contrapponendosi alla figura dell'intellettuale riservato Paul Kingsley, che lo ascolta con un misto di stupore e disprezzo (D., p. 153). In seguito, forse per emulare la moglie, tenta perfino di comporre musica; ma, poiché non la si può disturbare con il suono dello strumento, il tentativo è fallimentare a priori. Il suo è l'agire di un individuo fondamentalmente semplice che non riserva sorprese. Alla base dello stesso matrimonio è un dato di fatto inconfutabile: totalmente spiantato, Aldo non può che trarre vantaggio dalla pur relativamente modesta dote della sua giovane ed avvenente "Saffo"[65]. Poi, scontratosi ripetutamente con gli effetti della propria nullità incorreggibile e gratificato invece da più parti per il fascino toccatogli per natura, suo vero e unico talento, confortato dal fatto di trovarsi nel nuovo mondo, solo con la propria famigliola e fuori dal controllo del contesto borghese di origine conservatore e conformista, decide di abbandonare tutto per porsi al servizio occasionale di donne che lo usano per sanare situazioni affettive compromesse[66].

Inversamente Romei, a sua volta figura di artista che si procederà ad illustrare nel capitolo seguente, diviene compagno sempre più opprimente, in una metamorfosi che da scapolo solitario e scontroso lo rende marito fanatico nella cura dei contatti sociali, e infine tiranno malato. La realtà della nuova collocazione della moglie, "centro d'un'orbita nuova in cui egli da astro maggiore poteva ben divenire un satellite" (P., p. 278-279), dapprima in apparenza faticosamente assimilata, diviene gradualmente inaccettabile. Nello scontro diretto che si innesca, aggravato da un clima soffocante, a lui Perla sacrifica tutto, "anche la personalità, anche la volontà, anche la dignità"; preserva solo "Il suo pensiero creatore, la sua fantasia inesausta"

---

[65] V. D., p. 167.
[66] Nel suo primo "incarico", ancora a fianco di Nancy e comprensibilmente a sua insaputa, è assoldato da una donna sposata per prestare un modesto (e fittizio) lavoro di segreteria – si tratta in realtà di inutile copiatura – allo scopo di far ingelosire il marito.

(P., p. 384-385), cui dà libero sfogo di nascosto al tiranno nevrastenico, alla fine della storia nelle prime ore dell'alba, in un'euforia compositiva che le provoca una quasi astrazione dalla realtà. La lotta tra i due protagonisti diviene poi ancora più ardua in ragione dell'assenza di altri membri della famiglia, da entrambe le parti defunti, che preclude in partenza ogni possibilità di intervento dall'esterno negli sviluppi drammatici della prigionia coniugale. Presente fino alla fine è solo l'anziana domestica Caterina, a seguire come un'ombra instancabile i passi di Alfonso nel palazzo vasto e buio, per la quale egli resta in fondo il "signorino" celibe delle origini. Perfino l'amica Alda, già intima di Romei ben prima che di Perla, si farà comprensiva confidente di entrambi i contendenti per impedire sviluppi deleteri. A schierarsi incondizionatamente con lei fino alla fine è invece Aldobrandino, innamorato non corrisposto la cui presenza nel momento del commiato finale (prima del saluto ai Barbieri) genera nella donna quella che si intuisce vaga forma di rimpianto: "lo guardò, senza sorridere, con uno sguardo ambiguo che rimase impresso per tutta la vita nel cuore del giovine: uno sguardo in cui era esitanza, maraviglia, e una specie di postuma dolcezza, come d'un bene conosciuto troppo tardi" (P., p. 395).

Per le ragioni opposte di un interesse meschino e morboso, Aldo e Alfonso non supportano alla fine né la donna né l'artista e, prendendo ognuno la propria risoluzione, procedono coscientemente a liberarsene.

A Silvia, artefice del patrimonio di famiglia, è risparmiato un tale destino. Malgrado ciò, sulla via della rinascita nemmeno lo scrittore affermato Gueli può veramente alleviarle il tormento; e anche la scrittura non beneficia sensibilmente della frequentazione. La gestione della creazione della moglie, fino ad un punto avanzato della storia, resta infatti monopolio del solo Giustino.

Nell'immediato, alla giovane donna oppressa dal coniuge serve un sostegno nelle scelte da intraprendere; e serve un alleato che la conduca all'affrancamento definitivo. Ma il romanziere, imprigionato da parte sua in una storia tormentata e conflittuale, pur abbracciando sinceramente la causa di Silvia non ha la forza sufficiente per modificarne concretamente la sorte. Come Alfonso è egli stesso scrittore e vive una sorta di "blocco"[67]. Inoltre, contrariamente al moralmente irreprensibile Romei, per la sua discussa relazione sentimentale con l'assai più giovane, egocentrica e

---

[67] V. S.M., p. 38, 171.

spregiudicata Livia Frezzi è attorniato dai commenti e dal giudizio pubblici. L'orizzonte di Maurizio è scuro. Gli è imposta la rinuncia all'arte, in cui l'amante, che si vanta di non aver mai letto una pagina di lui, vede un "gioco disonesto". Condannato ad un'unione basata sulla lussuria, non gli è neppure concesso di essere autentico oggetto d'amore per la Frezzi, che nella sua grettezza estende la propria cupa visione dell'esercizio dell'arte alla stessa sfera del sentimento. E con il pensiero della naturale soddisfazione del letterato dinanzi alla ricezione positiva della propria opera, che implica una persistente attenzione agli "altri", giunge a diffidare della stessa fedeltà dell'amante: "Chi poteva mai veder chiaro nella coscienza d'un letterato, la cui professione era un continuo giuoco di finzioni? [...] Chi sa quanti sbalzi di cuore e sussulti interni e fremiti e solletichii per un'occhiatina misteriosa, per un risolino di donna appena appena accennato, passando per la via!" (S.M., p. 169-170). D'altra parte, a tenere unita la seconda coppia del romanzo è (e così sarà fino alla fine) questa forma di gelosia delirante[68] che rende il rapporto sentimentale dello scrittore al contempo intollerabile e irrinunciabile.

Silvia e Maurizio: figure lacerate che si incontrano. Per l'età e la serietà ineccepibile è chiaro come lei non possa cercare nell'uomo l'amante ma piuttosto "una guida degna e quasi paterna, un nobile compagno ideale" (S.M., p. 159); mentre lui potrebbe, sulla base del suo nuovo ed edificante ruolo, liberarsi dall'oppressione di Livia.

Questi i possibili benefici della loro "alleanza". Ma i due non si completano a vicenda e anzi portano il medesimo fardello: acclamati dai lettori, sono entrambi vittima di situazioni troppo complicate e incapaci di ribellarsi ad una condizione di asservimento che ne è ormai, comunque, parte costitutiva dell'immagine pubblica.

"Anime gemelle" estenuate dalla vita, sono tormentate da una prigionia che le definisce. E si comprendono all'istante rubando ad essa brevi momenti di folgorazione: "Le aveva letto negli occhi lo stesso orrore che egli aveva del proprio stato e, insieme, lo stesso terrore di strapparsene" (S.M., p. 174).

Anche se presaghi degli ostacoli posti dai rispettivi compagni abbandonati, i due tentano per un istante di affermare il loro diritto ad un'esistenza serena, "nella pienezza incontaminata della loro dignità" (S.M.,

---

[68] Gioanola, Elio, *Pirandello, la follia.* Nuova edizione integrata con saggi su *Liolà* e *I sei personaggi*, Jaca Book, Milano 1997, p. 125.

p. 178). E decidono di porre in atto una fuga, proprio nel giorno del rientro di Giustino dal suo viaggio a Parigi; fuga che, nelle intenzioni di Silvia non occultata a Giustino tramite la menzogna, avrebbe segnato l'"entrata nella vita nuova, con l'arte e dentro l'arte, nobilmente". La meta non è casuale: essa corrisponde ai "luoghi presso Ostia, luoghi minacciosi, dalla parte verso il mare, ove giganteggia una torre solitaria", coincidenti con lo scenario di un nuovo dramma – ambientato "tra la gente di Sabina, che scende a svernare là in orride capanne" (S.M., p. 179) – che lo scrittore ha proposto di comporre a quattro mani in sostituzione dello sfortunato progetto di *Se non così*. Con l'arte che fa da sfondo all'amore.

Ma per la coppia è assente ogni possibilità di sussistenza; l'atto tragico finale, con il gesto criminale compiuto da Livia, non è che l'inevitabile epilogo dei fatti.

Anche nel testo di Nancy, che copre un arco di tempo assai maggiore e che a differenza di tutti gli altri ingloba la prima età della formazione, per una corretta lettura dell'"epopea della rinuncia" è importante porre in relazione le sorti del romanzo non scritto con il rapporto con le figure maschili.

Innanzitutto, esse assumono un peculiare rilievo in considerazione del contesto prettamente femminile (l'unico uomo sopravvissuto della famiglia Avory è il nonno, colpito da demenza senile) in cui si sviluppa la crisalide dell'artista. Il primo ad attraversare il destino della ragazza è il cugino della madre Nino, che già non aveva lasciato indifferente la giovane Valeria. Figura nel complesso scialba, non realizzato né professionalmente né negli affetti e in perenne conflitto con il padre abile imprenditore, vive con la più matura Nunziata Villari una relazione tormentata, le cui alterne vicende non gli impediscono di corteggiare successivamente madre e figlia. Ma sentendolo troppo familiare e recependo l'impressione collettiva della sua inaffidabilità, Nancy non lo corrisponde seriamente, immersa con successo nell'avventura letteraria sotto la tutela della madre e della zia Adele.

Diverso è quanto accade con l'avvenente Aldo, seducente *charmeur* conosciuto tramite la cinica e superficiale cugina Clarissa, di lui cognata. Originario di Napoli, di umili origini e, a differenza del fratello maggiore, incapace di realizzarsi economicamente, questi si limita a condurre una vita mondana febbrile ma nel complesso ripetitiva.

L'incontro con la poetessa è perciò un evento determinante in un'esistenza che si trascina. Dapprima scettico, si sente poi allettato dall'idea di una moglie celebre, che gli fa pregustare i vantaggi economici dell'unione. Ma il suo obiettivo di arricchimento si vanifica ben presto; troppo insulso per divenire lungimirante e assumere un atteggiamento costruttivo, Aldo non muove un dito per coltivare il talento della giovane sposa. Ad identificarlo è, in primo luogo, la superficialità.

Il contatto di Nancy con Robert si apre in un momento in cui il processo della rinuncia all'arte è già avviato – responsabili i compiti della maternità. Alla fine, la protagonista resta senza compagno maschile e non scrive. Tuttavia, se da un lato nemmeno il sostegno offertole su tutti i piani dal "Selvaggio" può farle riprendere il testo interrotto, dall'altro la scelta dell'abbandono non è scevra di rimpianti. In occasione della visita finale di Aldo, dopo un'assenza tanto lunga da aver dileguato in Anne-Marie ogni ricordo del padre, Nancy, sospettata dal marito di aver sfruttato il genio della bambina, improvvisamente sovrastata dalla coscienza del sacrificio del suo lavoro e dei suoi sogni scoppia in un pianto convulso (D., p. 498-499). Lo stesso pianto che si ripresenterà alla partenza della figlia con il giovane sposo (D., p. 519). La constatazione della separazione dalla propria creatura, e dal Libro, è connessa ad un dolore lancinante. Contrariamente a quanto accade per Silvia e Perla, per Nancy la repentina consapevolezza della mancanza di obiettivi si somma al tormento dell'insoddisfazione affettiva.

A prescindere dal finale tutt'altro che lieto, è già nella gestione più articolata dei rapporti sentimentali che la protagonista dei *Divoratori* si differenzia dalle più piatte eroine del "rosa" coevo.

Alla donna dei romanzi di Liala – pseudonimo di Amalia Liana Negretti Odescalchi (1897-1995) – forse la più importante autrice (di una vastissima produzione) all'interno del genere, ad esempio, Andrea Rondini attribuisce "un ruolo passivo, nel senso che deve suscitare la passione del maschio, deve mettersi in mostra ma non deve dichiararsi o agire. Tuttavia, per altro verso, non è così remissiva perché sperimenta differenti tipi di relazioni, polarizzate attorno ai due tipi del maschio focoso e ardito ma non ricco e senza una posizione (l'avventura) e il tipo dell'uomo maturo paterno, abbiente (che rappresenta la sicurezza)"[69]. Ora, l'immagine di Nancy Avory si caratterizza in termini opposti: a porsi in mostra (per volere di chi ne affianca lo sviluppo) è solo la poetessa, che in amore non si espone per prima ma non rifugge dal palesare il proprio interesse per i tre uomini che

---

[69] Rondini, Andrea, *Letteratura di massa. Letteratura di consumo*, eum X comunicazione, Macerata 2009, p. 74. L'autore inserisce Annie Vivanti in un elenco di autrici di "rosa" (p. 50).

in diversi momenti e a diverso titolo l'affiancano. Sperimenta il rapporto serio col giovane non ricco e bellissimo, ma decisamente troppo fragile; mentre con l'uomo sicuro e attempato vive una relazione sentimentale a distanza che non supera la fase della confidenza più intima. E firma, in tal modo, la propria condanna all'infelicità.

Nei tre romanzi posteriori, l'ispirazione degli scrittori uomini si avvale di una figura muliebre.

Nel testo di Moravia Leda è modella dal vivo. Condizione prima della scrittura, ne è al contempo soggetto, sprone e musa. È lei a prescrivere la realizzazione del racconto sulla coppia al marito titubante, poiché "già uno scrittore" (A.C., p. 32). Alla sua presentazione è dedicato il capitolo iniziale del romanzo, a riprova del ruolo centrale assunto nella storia.

Il primo approccio è all'aspetto fisico della coprotagonista, nell'incipit del romanzo da tempo moglie dell'io narrante: il viso imperfetto ma espressivo e intrigante, la figura alta e sensuale, una bellezza inafferrabile emanante un'impressione di piacevole e affascinante disarmonia. Della persona descritta nei dettagli si rileva tuttavia una particolare "smorfia grossa e muta" (A.C., p. 8) che, sia pur raramente, compare associata ad una sgradevole contorsione del corpo – mai nei momenti dell'amore, in cui ella si mostra al massimo grado bella – e che col tempo Silvio, inizialmente attonito e ripugnato, impara ad accettare senza porsi domande (A.C., p. 9).

Sulla base della presentazione, nella smorfia si individua precisamente un ricettore delle emozioni della donna; e di questa l'io narrante si serve per introdurre alcuni utili particolari biografici.

Insieme al subitaneo movimento del corpo, essa appare in occasione della lettura dei punti di massima tensione dei libri polizieschi, di cui Leda è avida; in attesa del risultato delle puntate nel gioco d'azzardo presso i più famosi casinò; alla vista di un bambino a rischio di precipitare in un fossato, o mentre assiste all'estrazione da parte del marito di un arbusto selvatico dal piazzale della villa in campagna. Un altro momento rimasto impresso nella memoria del protagonista è una cena organizzata per alcuni amici nella dimora romana dei due, in cui la contrazione del viso e del corpo accompagnano la coraggiosa immersione in pentola di un'enorme e spaventosa aragosta (A.C., p. 10-11). Attraverso la ripresa ad opera della voce narrante delle manifestazioni della smorfia, in qualche modo epifania della più autentica umanità di Leda – essa esprime le sensazioni profonde dell'angoscia, del timore e contemporaneamente di una disgustata attrazione (A.C., p. 8) – sappiamo questa benestante e dallo spirito avventuroso ma soprattutto, punto di distacco dal marito, decisamente energica.

Nel secondo capitolo si introduce la persona di Silvio, con una descrizione che ne pone i caratteri somatici in contrapposizione alla scarsa volitività e alla natura indifesa:

> Sono alto e magro, con un viso energico dai tratti marcati e asciutti. Forse, a guardar meglio, si potrebbe scoprire qualche debolezza nella forma del mento e del disegno della bocca; ma tant'è, ho un viso volontario e forte che non rassomiglia affatto al mio vero carattere, sebbene spieghi in parte alcune contraddizioni di esso. Forse il mio tratto più notevole è la mancanza di fondo. Qualsiasi cosa faccia o dica sono tutto quanto in quello che dico e faccio e non ho nulla in riserva su cui ricadere nel caso debba ritirarmi (A.C., p. 13).

Già da questa confessione iniziale, esauriente compendio della debolezza del protagonista, si evince la necessità irrinunciabile di una guida, che determinerà i fatti seguenti.

Ma significativi sono anche i tratti comuni che connotano le vicende personali e la condizione esistenziale dei due coprotagonisti, la cui unione si presenta perciò quale atto quasi inevitabile. Circa coetanei, entrambi ricchi e oziosi, i due frequentano i medesimi ambienti. A Silvio, facilmente entusiasta, pare – in quella che nel flashback si presenta come deduzione ingenua – di aver per questo trovato l'anima gemella. Leda, già reduce da un matrimonio senza amore, dopo anni condotti in solitudine sente il bisogno di un legame sentito e stabile; e la cosa impressiona definitivamente lui, che nei sentimenti della donna rivede i propri.

Per il protagonista, dalla cui prospettiva si leggono i fatti, si tratta di una scelta felice. La compagna, sia pure di mediocre intelligenza, "riusciva tuttavia, grazie alla misura dei suoi interventi, alla sua aria di esperienza e ad una mescolanza accorta di indulgenza e di ironia, ad acquistare ai miei occhi un'autorità misteriosa; per cui ogni suo minimo gesto di comprensione e di incoraggiamento era per me prezioso e lusinghiero" (A.C., p. 17-18). Questi i presupposti della futura autorevolezza esercitata nella funzione di guida nella creazione artistica. Lungi dall'essere perfetta, ma contraddistinta da una franchezza e da una fondamentale coerenza di pensiero e azione, a poco a poco Leda si afferma come degna destinataria dell'amore coniugale. Intersecandosi con quella del protagonista, nel corso del racconto la sua figura prende sempre più chiara forma sotto l'aspetto psicologico ed emozionale.

Prima di affermarsi nella sua funzione di collaboratrice, al contempo modella e maestra dello scrittore, Leda ne è dunque compagna pressoché ideale, che ama ed è riamata con fervente passione. Né il dislivello di cultura tra i coniugi è di vero ostacolo: per rafforzare il legame Silvio la sottopone ad "una specie di programma di educazione estetica" rivolto a trasmetterle la propria cultura e i propri gusti nell'arte; organizzando, a dimostrazione della serietà del progetto, l'apprendimento secondo un piano (che include la musica, la poesia, l'inglese) ed un orario stabiliti. Nel seguire il corso l'allieva si mostra interessata, "oltremodo docile e ragionevole"; l'insegnante emozionato dinanzi ai progressi della moglie come fosse lui l'alunno, là dove già si preannuncia lo scambio di ruoli: "Ed era giusto poiché la vera materia tra di noi era l'amore e a me pareva ogni giorno di impadronirmene sempre più" (A.C., p. 19), conclude Silvio con serenità. Tra Silvio e Leda l'arte fa capolino accanto all'amore.

Alla stretta interazione tra i due – per l'affinità della sorte individuale e, in piccola parte, per qualche "correzione" apportata attraverso i fondamenti di educazione estetica – si accompagna una conoscenza sempre più profonda, che conduce lo scrittore a svelarsi gradualmente. La costruzione di una vera e propria officina artistica per la creazione in cui, presenti due sole persone, l'influenza di Leda possa esplicarsi pienamente non è perciò curiosa stravaganza *tout court*, ma piuttosto la soluzione più consona ad una precisa dinamica di coppia. Un ambiente predisposto a tale scopo dal marito, dietro la proposta avanzata dalla moglie di un periodo nella villa, è presupposto per un esercizio della scrittura più immediato... nelle previsioni più fortunato.

Le dimensioni ristrette valgono ad evitare ogni dispersione degli effetti benefici della vicinanza tra lo scrittore e la guida, la cui utilità risulta in tal modo perfezionata. Quello di cui l'artista abbisogna e che in effetti troverà è, oltre all'incentivo permanente al lavoro che la presenza della moglie rappresenta, un'ancora di salvezza cui aggrapparsi nell'ipotesi della "ritirata".

All'orizzonte di Silvio sono perciò, parimenti nitidi, l'arte e il matrimonio. Così come quando, tra i venti e i trent'anni, era stato preda di una lacerazione interiore tale da avergli fatto intravvedere (sia pure in vaghi termini) la soluzione del suicidio (A.C., p. 14-15) e l'amore per una donna e la creazione artistica avevano rappresentato la prospettiva salvifica.

Alla luce della funzione primaria di Leda, l'oltraggio inflitto con l'adulterio non è ragione sufficiente per infrangere la stabilità dell'unione. Anche perché a Silvio la propria corresponsabilità non sfugge.

Nel disegnare l'ambiente per la scrittura l'autore ha prima trascurato il particolare della natura umana della sua modella, poi aggirato la minaccia intravista. Per realizzare l'*Amore coniugale* ha deciso vacue le accuse fondate di Leda. E ha continuato fino al termine della vicenda a vivere sospeso in un'atmosfera irreale. Nel momento del convegno notturno con il barbiere, prima di vedere scomparire gli amanti nell'ombra di un pagliaio, lo scrittore è attratto da alcuni dettagli che hanno l'effetto di smorzare l'umiliazione del tradimento che si consuma: le gambe snelle da ballerina, la danza dei corpi avvinghiati seguita alla schermaglia amorosa con la donna che cerca di divincolarsi, e anche la smorfia abbruttente (A.C., p. 103-104) che a lui, nel momento dell'amplesso, era sempre stata risparmiata. Addirittura, all'incredulo *voyeur* occasionale quasi dispiace vedere inghiottita nell'ombra di un pagliaio l'immagine dei "due geni notturni evocati dallo splendore lunare" (A.C., p. 105) – con l'uomo (qui la sorte irride il malcapitato) di sembianze opposte rispetto all'elegante e candido cigno-Zeus e lei niente affatto dormiente come l'omonimo personaggio circuito nel mito.

Anche in seguito alla dolorosa presa d'atto dell'inganno, nessun rimprovero segue la sconcertante scoperta. Anzi, il ruolo e la figura della moglie restano illesi, mentre lo stesso adulterio si stilizza come un particolare del quadro della coppia – riscontro della disarmonia bella e ineffabile già profetizzata negli irregolari tratti somatici della donna[70]. Il protagonista sente che il suo rapporto coniugale, poggiante su basi solide, è destinato ad uscire indenne dalla tresca. Nondimeno, la stessa consapevolezza del carattere effimero del tradimento e del veloce rientro

---

[70] Nella già citata Introduzione al romanzo, Massimo Onofri parla di "una precisa e rigorosa scelta narrativa: quella di portare alla superficie dello sguardo ogni enigma di profondità, quella di far emergere ogni mistero dentro una dimensione che ho già definito di assoluta visibilità" (come testimonia l'immagine inizialmente inspiegabile della smorfia). In questa prospettiva, "La decisione finale di Silvio di rimandare la stesura del suo romanzo a tempi migliori è la più chiara capitolazione di fronte alla difficoltà di arrivare alla profondità di quel che viviamo. Leda, il suo amore per Silvio, sono e restano quel che sono: la loro verità coincide esattamente con quello che vediamo" (p. XIV).

dignitoso di Leda nel suo ruolo lo avvilisce e lo relega nella mediocrità, condizione peraltro mai smentita, come marito e come artista: "A me l'arte e mia moglie si concedevano per pietà, affetto, benevolenza, ragionata buona volontà; i frutti di questa concessione non sarebbero mai stati l'amore né la poesia, bensì la stenta e decorosa composizione, la tepida e casta felicità" (A.C., p. 107).

Al di là di tutto, nel carattere opposto e complementare dei suoi elementi il binomio è inscindibile: "io non davo alcuna importanza alla buona volontà, fatta di raziocinio e di buonsenso e ne attribuivo invece moltissima all'istinto, senza il quale mi pareva che non ci potesse essere né amore né arte: lei invece non apprezzava che questa buona volontà che doveva parerle la parte migliore di se stessa e respingeva l'istinto come errore e manchevolezza" (A.C., p. 114). Il vantaggio dell'unione risiede nella volontà della guida che, riversandosi sullo scrittore, ne indirizza e ne preserva gli obiettivi dalla tendenziale inettitudine, donando allo stesso il vigore necessario alla creazione. Così variegata, la coppia è al contempo autore e soggetto idoneo per il ritratto in una novella di un tema comune e immediato, quello dell'amore coniugale.

Ugualmente, visto il successo della comprensione finale tra i due coprotagonisti, a contatto con la moglie si smorza il rimprovero dell'artista a se stesso, anche perché lei non basa la propria opinione sull'essere, o meno, lui scrittore (A.C., p. 116-117). L'esito complessivo della vicenda, dunque, dà ragione all'indulgenza dimostrata.

Accanto al prodotto della creazione, voluto dalla coppia, marito e moglie si ritrovano complici e confidenti. È al giudizio sia pur superficiale di Leda, fedele alleata nel compimento dell'impresa, che il personaggio debole e suggestionabile in ultimo si rivolge. Pur parlando la coppia lingue diverse, la conversazione non cessa.

Al contrario, la comunicazione tra Emilio e Angiolina appare fin da subito stentata. Lo sa anche lui, che nelle prime parole del romanzo stabilisce dei limiti alla relazione: "T'amo molto e per il tuo bene desidero ci si metta d'accordo di andare molto cauti" (S., p. 31). Parole che lei, non inaspettatamente, recepisce senza comprendere in pieno, pur gratificata dalla serietà delle intenzioni.

Nonostante il coinvolgimento completo dei sentimenti, mentre sull'onestà della ragazza cova un'illusione che solo alla fine sarà tradita, sulla sua semplicità il protagonista sa di poter lavorare. In tal modo, in quella che la voce narrante definisce ironicamente "sentimentalità da letterato" la chiama "Ange", le insegna poche parole in francese ma, soprattutto, per renderla più scaltra si adopera per farle comprendere come una donna onesta debba cedere all'amore quando sia per lei conveniente sotto l'aspetto materiale. In aperto contrasto con la modestia del proprio stato e con l'ingenuità stessa che lo contrassegna, Emilio si sente fiero della sua nuova mancanza di scrupoli, ossia di riuscire a manifestarsi "La potente macchina da pensiero ch'egli si riteneva" (S., 43-44).

In generale, nella prima fase Emilio pare acquistare forza dalla relazione "impari" con la donna. Considerandosi in fondo un "letterato di una certa reputazione" (S., p. 107), gli dispiace di non essere riuscito, "nella sua vita di pedante solitario", a possedere gli strumenti per entrare in comunicazione con il pubblico. Mentre, a contatto con l'amata dai manifesti limiti culturali, riesce ad esprimere perfettamente anche concetti difficili: "Come parlava era capace di spezzettare il proprio concetto liberandolo della parola con cui era nato, pur di veder passare un lampo d'intelligenza in quegli occhi azzurri" (S., p. 64-65).

L'idealizzazione di Angiolina prende forma gradualmente, dalle prime impressioni ingannevoli, all'entusiasmo dinanzi alla manifestazione di una passionalità che tutto lascia intendere autentica, fino al volontario fraintendimento della realtà oltre ogni evidenza. La storia tra i due è progressivamente agitata dal sospetto e da una gelosia che i fatti puntualmente confermano, ad onta della corazza della diffidenza con cui Emilio accoglie le "dicerie" dei conoscenti e i tentativi di Stefano di illuminarlo. Poi vi è un'interruzione nella relazione, durante la quale la ragazza viene assunta a modello della creazione, divenendo personaggio di un tentativo di romanzo rimasto ben presto incompiuto. A questo peculiare uso si accosta poi – dopo che gli appuntamenti tra i due, in una stanza affittata, hanno assunto altra forma (ancora nel decimo capitolo, centrale per le vicende) – l'attività di posa della ragazza nello studio di Stefano Balli. In questa circostanza, forte della distanza che il disinteresse per la squallida creatura gli concede, quest'ultimo riesce a trarre vantaggio dall'avvenenza e dall'atteggiamento di collaborazione mostrato dalla donna nel corso del proprio lavoro svolto con evidente professionalità, a cui lo stesso Emilio (in un travaglio di sentimenti che si oppone all'imperturbabilità dell'artista) assiste senza avere motivo di nutrire alcuna gelosia (S., capitolo XI, p. 159-162).

Angiolina e Leda sono entrambe essenziali nel progetto del testo che intorno a loro nasce, si sviluppa, e rispettivamente si interrompe e si conclude.

Le donne di Gino si rivelano invece quasi comparse, tutte unite parte integrante del "copione" della sventura che questi vive quotidianamente. Sempre prive di mezzi, appaiono reticenti alla sua corte o meramente interessate dinanzi alla prospettiva di doni e inviti per trascorrere ameni pomeriggi domenicali (è quasi sempre di collaboratrici domestiche che si tratta). Adalgisa, peraltro il personaggio meglio delineato nel testo, è contraria all'attività di scrittura di Gino, nella quale vede una delle sue tante malsane stravaganze. Tuttavia, senza la presenza della donna e la condizione di oppressione che questa comporta, l'emarginazione del protagonista non avrebbe la stessa portata; la vittima sarebbe deprivata di un essenziale motivo di disagio da affidare al diario.

2.3 La creatura letteraria

In riferimento al romanzo di primo grado, il libro creato viene ad arricchire di un valore aggiunto la materia della scrittura nel suo complesso. A sua volta, del testo primario l'opera introdotta, frutto dello spirito di intraprendenza di chi sceglie di mettersi in gioco, viene in qualche modo a recepire la fisicità.

Ampie sono le riflessioni a cui essa si presta.

2.3.1 Il libro figlio

La donna genera la vita; se scrive, il prodotto del suo lavoro assurge al rango di "creatura". Si tratta di una mutazione di entità obbligata, dal momento che, come evidenzia Béatrice Didier, nella tradizione culturale la donna partorisce e l'uomo, a volte, scrive[71]. Soprattutto per lei, che del creare ha più diretta esperienza, la posta in gioco è altissima e la scelta dell'accettazione del compito, come del suo rifiuto, estremamente grave. Significativamente, per tutte e tre le autrici l'opera si identifica apertamente con la "creatura".

In tal modo si comprende la portata del sacrificio compiuto da Nancy, impossibilitata a dare alla luce il romanzo. Tanto dominante e straziante ne

---

[71] Didier, *L'écriture-femme* cit., p. 11.

è il pensiero che la scrittrice lo definisce dapprima "creatura, condannata a morire prima di nascere" (D., p. 168), poi "falco con artigli" (D., p. 200).

In *Suo marito*, già nel titolo del terzo capitolo "Mistress Roncella two accouchements" si enuncia come si è detto il parallelismo dei due "parti", quello reale e quello della fantasia. Non solo: la nascita del bambino e la prima teatrale della *Nuova Colonia* sono precisamente contemporanee. Come, sul finire del romanzo, il bambino si aggrava all'improvviso e viene a mancare nel momento in cui a Torino, nella terra di Giustino, si mette in scena il secondo dramma.

Nel romanzo di Jolanda, l'angoscia distruttiva del maestro esautorato ne elimina la potenziale madre di un figlio proprio – già madre di un'ultima opera di cui si preannuncia la fama. Lo stesso Alfonso, alla notizia di una grande novità che lo attende al suo rientro a Ferrara, pensa immediatamente ad una creatura umana. Poi, soffocando la delusione, asseconda l'entusiasmo della donna e definisce la conclusione del romanzo "sempre un lieto evento" (P., p. 331). Lacerato nell'orgoglio, divenuto ottuso e malato di egocentrismo, non capta subito un tanto intimo legame della moglie con la sua opera.

Nell'ultimo capitolo del romanzo, in Perla che, per arginare il folle furore del marito, ha stabilito di abbandonare per un periodo la scrittura, si riaccende "Come un concepimento non richiesto, non desiderato [...] la divina scintilla della creazione" (P., p. 404). E all'aumentare delle pagine della nuova opera, che si preannunciava superiore all'intera produzione precedente (sia per l'impianto più solido che per la cura della forma, come precisa la voce narrante), ella sempre più "la sentiva sua [...] come la gestante che sente svilupparsi giorno per giorno la creatura nel suo seno" (P., p. 409).

2.3.2 Aspetti e temi dell'opera immaginaria

Dal punto di vista tipologico, la produzione delle autrici è contrassegnata da un carattere composito. Inoltre, riflettendo in secondo grado un tratto della letteratura femminile fino a un'epoca recente, essa si identifica con i generi dell'"io", ossia la poesia, il romanzo, la lettera; questo, come indica Béatrice Didier, per reazione alla costrizione al silenzio connessa con la millenaria condizione subalterna nella società, ma anche per una relazione tra scrittura e identità che la donna percepisce quale necessità[72].

---

[72] Ivi, p. 19, 34 – a proposito della letteratura femminile, non specificamente in riferimento

Ma, in generale, in tutti i romanzi l'attitudine autobiografica assunta nel lavoro è il primo tratto che delinea il personaggio scrittore. Ciò è dovuto al saldo legame che unisce l'autore al suo testo, basato sulla percezione di questo come canale dell'espressione di sé spesso preferenziale rispetto all'interazione umana condizionata da molteplici fattori.

Dopo il suo fortunatissimo *Ciclo di Liriche*, che le ha fruttato ventimila lire, un importo pari alla metà della sua rendita di sposa (D., p. 247), Nancy è indiscussa promessa letteraria. Ma per quanto concerne la scrittura strascicata del romanzo, solo dopo il matrimonio la ragazza riesce a portare a termine oltre un terzo dell'opera, del cui trionfo ha chiara coscienza. Con un ricorso (per la Vivanti non raro) ad immagini non troppo ricercate della fantasia, intrise di personificazioni, si riprende la percezione entusiastica, ma al contempo la natura del testo, già nei presupposti avulsa dalla realtà: "una visione ultra-terrena (sic) le aveva incendiato il cuore. Sentiva il Genio, come una grande aquila imprigionata, agitare le immense ali nel suo cervello, e l'Ispirazione, abbagliante e indefinita, le stendeva le braccia [...] Ecco: il bianco-e- nero Fiore della Frase apre i tuonanti petali: e sulla carta bianca sfolgora e vive il Poema" (D., p. 199).

Giunta al capitolo XVII del Libro, punto culminante a partire dal quale la stesura sarebbe stata fluida e rapida (D., p. 201), sopraggiunge un mancamento dovuto alla gravidanza, cui segue, nel ventunesimo e ultimo capitolo del primo Libro del romanzo, il momento immediatamente successivo alla nascita di Anne-Marie, col suo dispotico pianto premonitore (D., p. 206).

Come foriera del mancato compimento del romanzo si può, inoltre, osservare l'assenza del tema in esso trattato. Al centro del testo vivantiano sono l'atto della rinuncia alla scrittura e le sue dinamiche, non i dettagli di quello che ne è l'oggetto.

Perla esordisce con *I racconti del mare*, una raccolta di novelle giovanili sul cui contenuto Jolanda, ugualmente, non ci fornisce informazioni significative. Con certezza, la si sa opera vincente in quanto prodotto della freschezza e della giovinezza su cui Arces – che personifica "il *cliché* dell'editore un po' mecenate un po' mercante[73]" – imposta il successo

---

all'opera immaginaria.
[73] Verdirame, Rita, *Narratrici e lettrici (1850-1950). Le letture della nonna dalla contessa Lara a Luciana Peverelli*. Con testi rari e documenti inediti, libreriauniversitaria.it Editore, Padova 2009, p. 23.

dell'autrice. Di tale immagine *I racconti* sono, indissolubili dalla persona di lei, titubante e con le tracce sull'abito del cammino percorso sotto la pioggia, il primo e più efficace canale. Dell'opera di esordio, come delle successive Jolanda non si sofferma sull'argomento preciso. Solo le liriche giovanili dei *Canti d'allodola* sono dette manifestazioni della recondita passione amorosa per il "maestro". Del resto, ciò che preme all'autrice è sottolineare la versatilità della sua scrittrice nell'adottare le diverse tipologie letterarie e l'esito parimenti trionfale di ogni tentativo intrapreso nella carriera splendida e fulminea.

In particolare si rivela intrigante agli occhi del lettore l'*Ignota*, il testo che segna l'affrancamento definitivo dal marito e significativamente reca sulla copertina il solo nome dell'autrice da ragazza. Già la sostituzione del titolo all'originario "Villa dei gigli" è suscettibile di una duplice interpretazione: nel momento in cui sostiene dinanzi ad Alfonso di averlo modificato per evitare un facile richiamo al suo testo "Villa Adalgisa" – delicatezza di cui lo stesso si compiace (P., p. 338-339) – l'autrice afferma la propria indipendenza[74]. Senza dimenticare che il nome del fiore avrebbe ricordato la nobildonna antenata Gigliola Romei (e dunque richiamato ancora il marito), nelle parole di Alfonso addetta al seguito della duchessa cinquecentesca Lucrezia d'Este e destinataria del suo dono di un fermaglio contenente la magnifica perla (P., p. 63) che a distanza di secoli la scrittrice, dopo le nozze, è tenuta ad indossare.

La più cauta Silvia, sul prodotto del cui lavoro si è meglio informati per la presenza ingombrante di Giustino che lo amministra ad ogni livello, arriva ad una scrittura impregnata di elementi autobiografici, che ne esprime l'intensità del dramma interiore, in un secondo momento. Tuttavia, tutta l'opera della celebrità può dirsi intrisa della sua angoscia esistenziale. Esclusa da tale considerazione resta *La casa dei nani* (di cui non si conosce l'argomento), posta al di fuori dei confini della storia e importante ai fini della stessa in quanto primo cavallo di battaglia di Giustino. Al contrario, il soggetto dei successivi lavori teatrali, dagli esiti conformi alle aspettative, è trattato nei dettagli.

Nel primo periodo del rientro a Roma, preda del senso di disagio, della solitudine e soprattutto della nostalgia per il figlio lontano in cui l'insediamento nella lussuosa dimora romana l'ha fatta piombare, l'autrice

---

[74] La stessa Jolanda nel 1898 aveva dato alle stampe un saggio critico dal titolo *Le ignote* in cui, in antitesi con il significato assunto dal testo di Perla, illustrava figure di donne vissute all'ombra di uomini famosi.

scrive di getto una novella sul periodo trascorso a Cargiore: in una notte e nella mezza giornata seguente, finalmente toccata dall'ispirazione. Malgrado non sia il dramma auspicato, ugualmente Giustino vede positivamente la ripresa della penna, e provvede a "sistemare" il nuovo prodotto presso la redazione della *Vita Italiana* del senatore Borghi[75].

Il lavoro si frappone, dunque, alla realizzazione della seconda opera teatrale, a sfondo realistico e sul tema del conflitto familiare, nella quale, in rapporto alla figura della scrittrice, è capovolta nei ruoli la ripresa delle vicende personali.

Rispetto agli altri, questo testo di Silvia occupa in *Suo marito* uno spazio maggiore, ampliato dalla precisa relazione della rappresentazione a Torino a cui Giustino, come si è visto quasi clandestinamente, prende parte prima di uscire definitivamente dalla vita artistica della moglie – e prima del precipitare degli eventi. A tale attenzione fa riscontro il riferimento esatto all'origine dello stesso dalla novella dell'autrice *Se non così*, la terza del volume delle *Procellarie*. Accanto al palese richiamo dell'omonimo testo pirandelliano, dal titolo definitivo "La ragione degli altri", del 1895[76], vi è qui l'eco dell'origine di numerosi drammi dell'autore da novelle. In *Suo marito* la trasposizione del soggetto è suggerita da Baldani, un noto critico letterario entusiasta all'idea di un tema attuale nella forma di "un dramma di anime, e nel mezzo nostro, cittadino" (S.M., p. 151). Al contrario della novella piemontese dichiaratamente autobiografica, il testo viene scritto tutt'altro che di getto. Certamente anche per la particolare genesi "indotta", esso è frutto di una lunga gestazione e di una stesura dapprima difficoltosa che, nella parte costruttiva del lavoro – con al termine il successo – coincide con un'ampia ellissi nel romanzo.

È la storia di Ersilia Groa, ricca provinciale innamorata, dal cuore ardente ma dall'aspetto duro e introversa, sposata da tempo allo scrittore Leonardo Arciani, autore di un celebre romanzo ma dopo le nozze incapace di scrivere.

Esattamente il contrario di quanto accade nel nucleo familiare di Silvia; riflessa nella vicenda letteraria del coprotagonista del dramma è

---

[75] S.M., p. 161-163. Il senatore aveva pubblicato nella propria rivista *La casa dei nani*, e nella lista degli invitati al banchetto iniziale stilata da Attilio Raceni e Dora Barmis compare al secondo posto dopo Gueli (S.M., p. 29).

[76] Il dramma aveva avuto come titolo "Se non così", preceduto da "Il nibbio" – il medesimo che Gueli propone in sostituzione dell'originario, da lui, reso ipersensibile dalle circostanze, sentito come provocatorio e derisorio (S.M., p. 176).

piuttosto quella di Gueli che, per compiacere Livia Frezzi, non può "vivere la vita dello spirito" (S.M., p. 171) e da oltre dieci anni ha deposto la penna.

Il dramma di Ersilia consiste nella sua sterilità. E su di esso si innestano i fatti, a partire dal ricorso di Elena, una cugina vedova di Leonardo, all'aiuto economico di lui per iscrivere in collegio il figlio. È proprio la moglie a persuadere il marito al gesto generoso, gettandolo al contempo nelle braccia della donna che ne diverrà l'amante e poi, con impatto traumatico sulla tradita, madre di una figlia. Ma l'entrata in scena di Elena segna un altro evento: la ripresa con fervore dell'attività letteraria di Leonardo sopita nella monotonia della vita coniugale. Ciò da cui lo scrittore, che nel frattempo è insoddisfatto redattore artistico presso un quotidiano, tuttavia si astiene è – in evidente contrasto con la venalità di Giustino – lo sfruttamento delle fortune di Ersilia. I due seguitano a convivere, e anzi gradualmente l'atteggiamento di tacita comprensione di lei provoca in lui un'*escalation* di sentimenti dalla stima fino all'amore. A segnare una svolta nelle vicende è l'arrivo del suocero, mercante di provincia rude ma saggio. Ignaro di tutto, questi viene brutalmente messo a parte dal genero e dalla figlia del tradimento e delle sue conseguenze. Addirittura Ersilia, conscia del proprio dramma della maternità negata, si rassegna nella conclusione: "Dove sono i figli è la casa!" (S.M., p. 154). Ma il rapporto tra i genitori della bambina, Dinuccia, è ormai degenerato a causa delle difficoltà (soprattutto economiche) e destinato a chiudersi. Alla luce dei fatti, a Ersilia balena un piano "perfetto": convincere Elena a lasciare adottare la figlia per garantirle un avvenire sereno sotto ogni punto di vista. Così si reca dalla rivale, che comprensibilmente s'indigna dinanzi alla proposta disumana e, visto sopraggiungere l'amante, deduce un complotto. Fatta ritirare la moglie, tra Leonardo e Elena il tono concitato della conversazione si smorza; e la madre, non più sospinta, si ripropone da sé il quesito sull'opportunità di affidare la bambina al padre in vista del suo futuro bene; per poi rimandarne la decisione a un momento successivo. E aperta è la conclusione della vicenda.

In questa occasione, con il ricorso all'intertestualità si assiste ad un'"invasione" metanarrativa particolarmente stimolante: l'introduzione dell'opera del personaggio tramite l'esposizione dettagliata del contenuto in una porzione del testo ad esso "riservata"[77] si accompagna ad una riflessione sulla trasposizione tra tipologie che contraddistingue il testo tra

---

[77] S.M., p. 151-155.

le altre "creature" della Roncella. Secondo un progetto preciso, che Pirandello svela nei dettagli: "il dramma poteva aver principio qui, con l'arrivo del padre" (S.M., p. 153); "Con questo grido ['Ha la figlia, babbo, ha la figlia! Come vuoi che ragioni?'] poteva esser chiuso il primo atto"; "Il terzo atto doveva svolgersi nel nido di spine, in casa di Elena Orgera" (S.M., p. 154) e concludersi con il suo allontanamento di Leonardo.

Non solo; *Se non così* presenta un'interessante scrittura di terzo livello ad opera di un personaggio, Leonardo Arciani, creato da una sua pari, posta in relazione alle vicende del sentimento dello stesso. Anche per l'importanza attribuita alla maternità – attraverso la rappresentazione del dramma della sua doppia negazione (imposta nei due casi dalla natura e da istanze del vivere sociale) – il richiamo della figura di Silvia è inevitabile. In un'opera, come si è visto, composta in un momento cruciale della vita dell'autrice, parallelamente all'approfondimento del legame con Maurizio Gueli, segnato dall'avvenuta riappropriazione di un mondo interiore rimasto a lungo sopito e solo svelato a tratti. In essa si mettono in scena il tormento dell'incomprensione e le conseguenze deleterie dell'adeguamento alle convenzioni sociali, in particolare per la donna. La discrepanza più netta rispetto al testo pirandelliano consiste nel finale, che nel dramma dell'autore prevede la rinuncia di Elena alla bambina. In *Suo marito* la conclusione della vicenda è nelle mani di Silvia che, in quanto donna – per di più forzatamente allontanata dal proprio figlio – a conferma del rispetto di Pirandello per la sofferenza umana, è esentata dalla rappresentazione dello strazio del sacrificio estremo di una madre. Inoltre, sulla base della propria esperienza Silvia non può aderire al codice morale secondo cui il solo legame, indissolubile e costante su cui si fonda la convivenza familiare è rappresentato dai figli[78] – dato che spiega il finale atroce e contro natura della *Ragione degli altri*. Nel suo caso il rapporto coniugale si fonda sulla scrittura, che allora, in quanto sostituisce il figlio reale, dà vita propriamente a "creature".

Per converso, il soggetto della N*uova colonia*[79], che l'ha consacrata come autrice teatrale, resta, almeno nel momento della prima rappresentazione, lontano dalla persona della scrittrice; non è a sfondo reale bensì di carattere mitologico-fantastico e desta nel complesso una minore complicità da parte del lettore. Capolavoro dell'artista, ne celebra il

---

[78] V. la "cronaca teatrale" di Antonio Gramsci – *Letteratura e vita nazionale*, Editori Riuniti, Torino 1991, p. 453.
[79] All'opera corrisponde l'omonimo dramma pirandelliano del 1926.

raggiungimento della maturità professionale, precedente la conquista dell'indipendenza psicologica e l'affrancamento dall'ingerenza sempre più grossolana e strascicata di Giustino.

È la storia di un colonia di marinai di Otranto, dunque nei pressi della natale Taranto, che si stabilisce su un'isoletta dello Jonio precedentemente abbandonata in seguito ad un sisma. Protagonisti della vicenda sono la coppia del forte Currao e di Spera, ex donna da trivio ora divenuta un esempio di virtù. La serenità della coppia, che ha un figlio adorato, viene poi insidiata dall'acerrimo rivale di lui. Apparentemente fuggito nel nulla, questi vi fa ritorno a capo di una nuova colonia, che gradualmente prende il sopravvento facendo perdere ai precedenti "sovrani" il prestigio e la stessa dignità (a Spera). Quando Currao decide di sposare la figlia del capo della nuova colonia, quest'ultimo gli ingiunge di prendere con sé il figlio. Disperata, per non cederlo e al contempo per vendicarsi dell'ex compagno, la madre lo soffoca in un ultimo, atroce abbraccio. Una nuova scissione della terra, con la morte dell'esecrando Currao, pone fine alla vicenda (S.M., p. 85-86)[80].

Nonostante le apparenti similitudini con il dramma seguente (il rapporto sentimentale contrastato, la donna che si batte per conservare la propria dignità, il "possesso" del figlio come primo oggetto di conflitto tra i coniugi), il rifiuto dell'abbandono della creatura non si può qui ancora porre in relazione con il dramma della scrittrice. Inoltre, a ben guardare, il delitto e poi la distruzione collettiva determinata dal sisma (preannunciata dall'essere la zona a rischio) scongiurano in origine il dramma della separazione; riflettendo piuttosto la percezione di una forma di oppressione irremovibile.

Nel momento in cui nasce, l'opera, che per la sorte della protagonista femminile si può ricondurre alla *Medea*[81], non assume una valenza autobiografica, ma eventualmente "profetica".

Del testo introdotto nel romanzo si rimarca piuttosto la funzione metanarrativa, di cui è segnale il quesito sul "destino" dei personaggi nella

---

[80] Nel dramma pirandelliano è assente l'infanticidio. Al contrario la natura impedisce, provocando la catastrofe, il compimento del più atroce dei delitti.
[81] Il critico letterario Betti, già negativo dinanzi alla *Casa dei nani* e posto tra i partecipanti al banchetto iniziale (S.M., p. 30), nell'opinione di Giustino "frigido imbecille tutto leccato", per indicarne la scarsa originalità e dissociarsi dal comune consenso la definisce infatti "la *Medea* tradotta in tarentino"; senza che l'ingenua Silvia possa neppure comprendere il riferimento alla tragedia euripidea (S.M., p. 90).

trasposizione scenica che l'autrice si pone: "Quei personaggi, quelle scene ella li vedeva su la carta, come li aveva scritti, traducendo con la massima fedeltà la visione interna. Ora dalla carta come sarebbero balzati vivi su la scena? con quale voce? con quali gesti? Che effetto avrebbero fatto quelle parole vive, quei movimenti reali, su le tavole del palcoscenico, tra le quinte di carta, in una realtà fittizia e posticcia?" (S.M., p. 86).

Al termine di un percorso tortuoso, ecco un altro eco di un rapporto intimo e profondo con la creazione artistica che si contrappone all'uso strumentale che ne fa Giustino.

Per Silvio ed Emilio, invece, la scommessa della letteratura non è questione esistenziale. In entrambi i casi la scrittura rappresenta un'attività collaterale, svolta nella dimensione di emarginazione che è la stessa condizione di esistere dell'inetto. Pertanto, essi sentono la necessità di supportare l'ispirazione tramite l'esperienza; scelgono la via più diretta e parlano apertamente di sé, ricorrendo coscientemente alla *mise en abyme*, tramite il ritratto nel racconto di secondo livello della vicenda del testo che lo contiene.

Quanto alla "carriera" del protagonista, se entrambi non possono certo dirsi neofiti della creazione, Emilio ha al suo attivo la pubblicazione di un precedente romanzo, come si è visto assai lodato dalla stampa locale ma non accompagnato da un corrispondente successo di pubblico (S., p. 32). Si era trattato della "storia di un giovane artista il quale da una donna veniva rovinato nell'intelligenza e nella salute", in un testo in cui si rifletteva l'immagine dell'autore (ingenuo e dolce) accanto ad un'eroina alla "moda di allora: un misto di donna e di tigre" (S., p. 135). Anche in assenza di una specifica occasione biografica, la stesura del romanzo – di cui il narratore suggerisce la ragione dell'oblio attraverso quella che si intuisce rappresentazione poco originale e dal carattere effimero – aveva profondamente coinvolto lo scrittore per il tratto di vitalità della coprotagonista.

Ma quando Emilio si accinge a riprendere la penna sotto lo stimolo diretto dell'esperienza, l'esito del rispecchiamento di sé e di Angiolina non lo soddisfa assolutamente: la donna è figura spenta (che richiama, in versione più opaca, la prima donna-tigre), l'uomo molto lontano da se stesso (S., p. 136). Di fronte a un'autocritica senza speranza, preso atto dell'impossibilità di recuperare gli stati d'animo e le aspettative che avevano accompagnato l'inizio di una storia a cui, nel momento attuale, è precluso ogni futuro, Emilio non intende procedere in quello che risulterebbe un lavoro autobiografico "corrotto".

Nel caso dei protagonisti dell'*Amore coniugale* e di *Senilità*, nell'ambito di un'operazione di riproduzione volontaria gli amori degli autori fanno di essi "autori d'amore".

Immagine dell'esistenza e dei tormenti affettivi degli scrittori, dichiarata ripresa dell'esperienza vissuta in prima persona, la loro opera in prosa rappresenta l'opportunità per una costruzione del sentimento, in cui se ne proiettano la percezione reale e la visione ideale, i timori e le speranze. Costruzione che, nel caso specifico di Silvio, viene a ripercuotersi sul rapporto con colei grazie alla quale essa ha luogo: diversamente da quanto accade nella storia di Perla, dove tutto giunge a distruzione, Silvio Baldeschi sopravvive; forse come artista, certamente come uomo-marito. Di questa si nutre, infine, il testo meta-romanzesco di Moravia che "a partire da un dubbio generalizzato sulla verità dei sentimenti, proporrà un romanzo nel suo farsi e al contempo disfarsi"[82].

Quando invece l'obiettivo a cui si lega la notorietà è l'erudizione fine a se stessa il tentativo è fallito in partenza. È quanto dimostra la vicenda dell'opera di Gino Cornabò relegata nell'ombra.

Per essa si tratta senz'altro di una poderosa produzione, menzionata nella seconda *Lettera ai posteri* (del gennaio 1937, nella finzione del diario la prima in ordine cronologico). Qui, nell'umorismo grottesco di una valutazione quantitativa si cita l'"attività letteraria instancabile attraverso una serie di grossi volumi di critica (circa mille pagine l'uno) ancora inediti, ma giudicati da chi ha potuto vedere le dimensioni del pacco dei manoscritti, 'opera di mole imponente' e 'opera monumentale' (sic)" (G.C., p. 90).

In questo caso, la stessa tipologia della creazione si rivela lontana dal destino amaro del protagonista, e deputata a costituire il tramite per la sognata rivincita attraverso un riconoscimento pubblico che finalmente renda giustizia a chi, fiero e caparbio, vive e lavora in un delirio rabbioso che si consuma nell'ombra. Ma poi, i volumi restano solo patrimonio del loro artefice e si fanno ulteriore conferma di un fallimento annunciato.

Come si è già osservato, gli altri progetti di scrittura non oltrepassano la fase dell'idea iniziale. Né, in conformità con il tenore del racconto, paiono

---

[82] De Ceccatty, René, *Alberto Moravia*. Traduzione di Scipio Arecco. Con la collaborazione di Anna Gilardelli, Bompiani, Milano 2010, p. 217.

animati da un serio intento. L'autore pensa ad un testo dal titolo "Le mie prigioni", omonimo dell'opera "del mio grande predecessore Silvio Pellico", a cui lo associa l'idea, messa in atto dal patriota risorgimentale nel periodo della sua reclusione, di ammaestrare un ragno (G.C., p. 45); e vagheggia "d'intrecciare, come Goethe dei romanzi d'amore" (G.C., p. 78), ispirandosi alle vicende dell'esperienza diretta che però, anche in questo campo, si mostra assai limitata. Ad una contrastata storia d'amore pensa concretamente da due anni; fino a quando, messo a parte un amico dei dettagli della trama, viene da questi a sapere della sua coincidenza con la storia dei *Promessi Sposi*, ricavandone un'amara delusione (G.C., p. 114-115). Né, per mancanza di tempo, realizza per i posteri un falso epistolario a cui aveva pensato, menzionato nella lettera iniziale di commiato (G.C., p. 16).

Senonché, proprio sulla vita e l'opera di Gino Cornabò esiste un testo, firmato da "un autorevole scrittore" con cui egli è entrato occasionalmente in contatto. Al sedicente personaggio influente ha fornito il proprio *curriculum* dietro la promessa che questi intercedesse per lui facendolo conoscere nelle alte sfere; per poi ritrovarsi, suo malgrado, protagonista di una biografia usurpata che, nelle previsioni del malcapitato, dalle disgrazie divulgate potrà trarre ingenti ricavi (G.C., p. 75).

Paradossalmente, ad onta dell'atteggiamento millantatorio che lo contrassegna, Gino affida la parola che viene meno proprio al diario che ne esprime la sventura. L'unico documento di sé, posto nelle mano sicure dei posteri, a non aver bisogno per una presentazione consona dell'intercessione di personalità di primo piano nel mondo della cultura del tempo. Il personaggio tragicomico di Cornabò ne fa il luogo della registrazione della sventura e insieme della speranza, che si alimentano a vicenda. Causa prima e motore della narrazione è il valore misconosciuto dell'io narrante che, ancor più di quanto non accada nell'*Amore coniugale*, elimina al massimo grado le distanze dalla vicenda.

2.3.3 La fortuna del testo immaginario

Come premessa fondamentale, si osserva come il destino dell'opera sia fondamentalmente irrilevante rispetto alle valenze dell'atto della composizione. Là dove l'impresa della scrittura è trattata con una certa ampiezza, il lettore non può non porsi al fianco dell'autore: condividendone aspettative e momenti di titubanza, come illustra il caso di Perla, o al contrario anticipando l'esito fallimentare, come avviene dinanzi ai reiterati buchi nell'acqua di Gino Cornabò.

Insieme alla concezione e alla stesura del testo, il libro realizzato e le sue sorti contribuiscono in misura determinante a delineare il personaggio-scrittore. In questo caso, nell'approccio ad una ricezione preordinata (nella narrazione), il lettore può assistere tranquillamente allo spettacolo, non chiamato ad alcuna valutazione né potendo intervenire sulla fortuna del testo presentato – che, presso di lui, in virtù del suo stesso esistere ha comunque conseguito la notorietà.

Significativamente, dei tre possibili esiti del libro – il successo, l'insuccesso, la mancata pubblicazione – nelle opere delle autrici è il secondo caso a non verificarsi. Anzi, le donne mostrano una grande agilità nel muoversi da una tipologia letteraria all'altra, dalla prosa alla lirica e al teatro. Un dato che fa riflettere.

Nel caso di Perla tutto porta a pensare che, per rendere giustizia allo spirito combattivo della protagonista e alla sua arma dell'inchiostro, gli eventi (ripetuti trionfi di pubblico) non avrebbero potuto seguire altro corso. Né fondamentalmente diverso è per Nancy: il logorante travaglio interiore generato dall'incapacità di concludere il lavoro non avrebbe le stesse dimensioni nel caso di un talento che non fosse degno di tanto rimpianto, e che non desse misura del sacrificio imposto dalla cura della piccola "divoratrice". La stessa Silvia, poi, in versione meno dotata o meno prolifica non avrebbe rappresentato per il marito una scommessa vincente, o almeno avrebbe notevolmente ridotto l'ambizione, e insieme ad essa il lavoro perverso, del manager.

Questa modalità di procedere per assurdo, che si impernia sulle dinamiche già messe in luce dell'affermazione dello scrittore-personaggio (in seguito a tutte le peripezie e malgrado quanto ne costituisce l'elemento antagonista), rende inoltre un'adeguata idea della valenza della scrittura femminile agli inizi del XX secolo. Per la sua artista (moderna) l'autore di primo grado può indurre nel lettore la speranza più viva, le lacrime, persino il disinganno per l'incostanza. Ma due sono le richieste non lecite: la concessione della grazia per un'opera mal riuscita, che andrebbe a detrimento della stessa immagine della scrittura della donna, e l'accettazione di un cammino scevro di ostacoli che, di nuovo, sminuirebbe notevolmente la portata della conquista.

Al contrario, gli scrittori si rivelano piuttosto indolenti e inconcludenti.

Già soddisfatto dell'esito è l'unico che riesce a realizzare un testo – che pure, almeno entro lo spazio condiviso con il lettore, resta inedito – sottoponendosi al sacrificio dell'impresa con il solo incentivo della complicità di chi più gli è cara, la moglie Leda.

Viste poi frantumarsi le certezze sia sul piano della scrittura che sul piano dell'amore, Silvio preferisce restaurare il "pezzo" di vita rimasto più integro. Perciò si dà ottime ragioni per tenersi stretta la compagna. Mentre se l'inedito non avesse tradito con tanta evidenza le aspettative dell'autore, o anche se altra fosse stata la sentenza di Leda (approvazione), l'unione coniugale avrebbe avuto un futuro diverso – quando in assoluto ce ne fosse stato uno. Uno scrittore confermato, vittorioso su se stesso, non sentendosi meritevole del trattamento subito probabilmente non sarebbe stato tanto pronto a compatire l'inganno. Né, d'altra parte, l'abisso scavato dalla catastrofe del matrimonio avrebbe potuto essere colmato dall'arte, consolazione di natura troppo eterogenea. Su uno dei due fronti, l'insuccesso è d'obbligo. E visto che Silvio è marito certo, e autore in via di sperimentazione, tutto sommato non è improprio parlare di lieto fine.

Anche Emilio Brentani non ha un carattere intrepido, e lo sa. Ma, appunto perché essenzialmente solo e privo delle condizioni materiali per vivere indisturbato la propria dimensione di letterato, preferisce non scalfire la sia pur circoscritta notorietà conseguita nel passato con il suo primo romanzo, e si astiene dal proseguire in un'opera in cui viene meno la ragione della creazione. Infine, nella disgrazia devastante, da Cornabò non ci si può attendere alcuna inversione di percorso.

Per concludere, l'immagine della diversa ricezione del pubblico è, come si approfondirà nel capitolo seguente, indicatore della realizzazione sociale di chi scrive. Elemento primario qualora si adotti specificamente una prospettiva sociologico-letteraria, ma certamente non imprescindibile ai fini dell'atto stesso della scrittura.

È altrove, precisamente attraverso le dinamiche del lavoro e le condizioni operative intese in senso lato, che si individua l'interazione tra esercizio creativo, moti interiori e maturazione psicologica, da cui scaturisce la vera e autentica immagine dello scrittore.

3. Il destino sociale del personaggio scrittore

A prescindere dai singoli contesti ed esiti, la prova di forza che si innesca con la scrittura di secondo livello risulta sempre, per sua stessa natura, finalizzata all'approvazione altrui (facilmente verificabile all'interno della vicenda e nel sistema dei personaggi) non meno che al riconoscimento presso il pubblico. È su questa base che la scelta della letteratura da parte del personaggio viene inevitabilmente a ripercuotersi, in vario modo, a livello sociale.

E naturalmente, come si approfondirà nei paragrafi seguenti la scrittura fittizia subisce, indirettamente, l'influsso del clima socio-culturale in cui ha luogo l'invenzione.

3.1 L'opera creativa della donna

I primi decenni del '900, in cui nascono i testi letti, sono caratterizzati da una precisa temperie storico-sociale e culturale già affermatasi a partire dagli anni a cavallo tra i due secoli. In tale contesto, come sintetizza Antonia Arslan, il tema femminile è al centro del romanzo indirizzato al consumo di massa da parte di un pubblico specificamente femminile, "individuato come destinatario e consumatore privilegiato di storie d'amore e di passione". Ciò riveste un'importanza fondamentale, nel momento in cui "Non è infatti attraverso le scuole che il chiuso mondo femminile si apre al secolo del 'progresso' e alle nuove idee, ma attraverso la lettura, spesso disordinata e farraginosa, romanticamente approssimativa, dei romanzi d'amore: letti da donne, scritti da donne, concernenti temi femminili"[83]. Nella sua diffusione, la scrittura della donna si può dunque vedere quale ripercussione della "questione femminile", che "nasce dalla volontà di contrapporsi alla programmatica svalutazione del pensiero e dell'arte muliebri", mentre "sul piano della concretezza storica e su quello dell'elaborazione simbolica [...] è il terreno di scontro con la forza macroscopica della realtà"[84].

---

[83] Arslan, Antonia, *La galassia sommersa*, in Eadem (a cura di Marina Pasqui), *Dame, galline e regine. La scrittura femminile italiana tra '800 e '900*, Edizioni Angelo Guerini e Associati Spa / Guerini Studio, Milano 1998, p. 13-84, p. 15-16.

[84] Verdirame, *Narratrici e lettrici* cit., p. 14.

Con queste premesse risulta più che mai stimolante l'idea di una riflessione sulla scrittura femminile nella situazione della sua invenzione nel testo, dal momento che nel racconto si presuppongono determinate condizioni "ambientali" per la creazione letteraria introdotta.

Ancora nel 1929, nel saggio *Una stanza tutta per sé* basato su due conferenze tenute a Cambridge l'anno precedente sul tema "La donna e il romanzo", Virginia Woolf sostiene che "una donna, se vuole scrivere romanzi, deve avere soldi e una stanza per sé, una stanza propria"[85]. Questa è prospettata come condizione essenziale, in una realtà in cui "le donne sono più povere degli uomini, per... questo o per quello"[86] e fino all'Ottocento non sono state in alcun modo incoraggiate, ma al contrario dileggiate e ammonite qualora avessero voluto divenire artiste[87].

La prima delle condizioni poste per la scrittura, la sicurezza economica, è alla base del lavoro della protagonista del già citato *En passant* (1898) di Annie Vivanti. Pur producendo racconti, addirittura già nota nel mondo letterario statunitense, se vuole permettersi di far mostra di pezzi unici del sarto Pasquier, Viviane Carson deve attingere alle sicure finanze dell'ottimo marito Jack, impegnato tutto il giorno con titoli e obbligazioni[88].

Tornando al testo della Woolf, nonostante si ribadiscano gli svantaggi della condizione muliebre, l'esortazione finale alla scrittura rivolta al pubblico femminile risulta accesa e persuasiva. Anche se permane il principio della dipendenza della libertà intellettuale dalla sicurezza materiale, ugualmente si rimarca come gli sforzi di coraggiose "oscure donne del passato" abbiano reso possibile un avanzamento della donna – (realisticamente specificato) della classe media[89]. Nella sua perorazione, l'affermata scrittrice si appella alle conquiste fondamentali, a partire da oltre mezzo secolo prima, dell'accesso all'istruzione, di un diritto ereditario più equo, dell'ottenimento del voto e della libertà nella scelta della professione. Per concludere entusiastica con un appello all'intraprendenza: "Perciò, con un po' di tempo fra le mani e un po' di erudizione libresca nella testa [...] potete benissimo dare inizio a un'altra fase della vostra

---

[85] Woolf, Virginia, *Una stanza tutta per sé*, Traduzione di Livio Bacchi Wilcock e J. Rodolfo Wilcock. Con uno scritto di Marisa Bulgheroni, I Classici, Feltrinelli, Milano 2011, p. 34.
[86] Ivi, p. 75.
[87] Ivi, p. 89.
[88] *Racconti americani*, p. 67.
[89] Wolf, *Una stanza tutta per sé* cit., p. 146-147.

lunghissima, faticosissima e oscurissima carriera. Mille penne sono pronte a suggerirvi ciò che dovete fare e quale sarà l'effetto della vostra attività"[90].

In sintesi, nel motivo della scrittura – percorso specifico dell'emancipazione – introdotto nel romanzo si deve leggere il riflesso della presa di coscienza di una nuova autonomia di pensiero, e artistica, nell'universo femminile, attraverso le premesse e gli effetti dell'"impresa" del testo sul destino della protagonista. E, al contempo, il tentativo di interpretare il fenomeno della scrittura della donna, che dall'emancipazione scaturisce, e le sue conseguenze.

Nei tre romanzi in questione, al centro sono la figura dell'artista e le modalità della sua interazione con l'ambiente, sviscerate anche attraverso i percorsi psicologici dei personaggi principali. Nei paragrafi seguenti si tratterà di rintracciare gli echi delle condizioni della scrittura, nonché degli svantaggi nella condizione biografica delle tre scrittrici inventate e, specificamente, le vie attraverso le quali esse sono deputate ad emanciparsi (o meno), da guide come da ruoli imposti.

Prima di procedere nell'analisi, merita una menzione la rappresentazione della donna che vanta una fortunata carriera letteraria da parte di Jolanda[91], che esattamente un decennio prima di dare alla luce *La perla* firma il romanzo *Dopo il sogno* (1906)[92]. In quest'opera assume un'importanza decisiva il personaggio della scrittrice Viola D'Alba – affermata autrice di "romanzi, racconti, fantasie, pensieri", "opere improntate a una grande elevatezza di pensiero, ad una schietta nobiltà di sentimento"[93], che conduce un'esistenza solitaria – *alter ego* dell'autrice[94].

---

[90] Ivi, p. 152.
[91] Le caratteristiche specifiche della scrittura femminile individuate da Jolanda, l'intuizione, la duttilità nell'invenzione, l'uguaglianza nella diversità e il diritto alla parola, determinano addirittura una superiorità creativa della donna – v. Arslan, *La galassia sommersa* cit., *Dame, galline e regine*, p. 46-47. Nell'opera dell'autrice centese sono presenti diverse letterate, tra le quali merita una particolare menzione Maria Carletti, protagonista di *Le tre Marie,* ancora del 1894. Sulla figura di questa scrittrice bolognese, istruita, di animo nobile ma di umili natali, costretta a coltivare la propria passione in condizioni di ristrettezza economica e tormentata da numerose difficoltà nel campo affettivo, si veda il lavoro di Ombretta Frau, *Sulla soglia dell'emancipazione: le letterate di Jolanda dalle* Tre Marie *alla* Perla, in Ombretta Frau, Cristina Gragnani, *Sottoboschi letterari. Sei case studies tra Otto e Novecento. Mara Antelling, Emma Boghen Conigliani, Evelyn, Anna Franchi, Jolanda, Flavia Steno*, Firenze University Press, Firenze 2011, p. 115-142.
[92] Il romanzo è al centro del già citato lavoro di Ombretta Frau, *Fra la virago e la femmina*.
[93] Jolanda, *Dopo il sogno*, Cappelli, Bologna 1929, p. 25-26.
[94] Ombretta Frau riferisce ad autobiografismo la ripetuta creazione da parte della scrittrice

Divenuta vicina di villa della protagonista, Camilla Albegna, a Signa nella provincia di Firenze, nel corso del testo Viola viene ad influenzarne radicalmente il futuro. Inizialmente contattata per lettera dalla giovane ammiratrice nel momento drammatico del venir meno della prospettiva di matrimonio di lei, lusingata da tanto autentica ammirazione, essa le accorda di buon grado di farle visita. Dal primo, felice incontro si sviluppa poi una frequentazione via via più assidua; in tal modo, attraverso i momenti di "convegno così benefico"[95], la scrittrice instilla in Camilla il coraggio di ampliare gli orizzonti dalla propria esistenza, poiché "Prima dell'amore c'è il dovere"; e ancora, "bisogna lavorare, tutti, ognuno nella misura delle proprie facoltà [...] cioè compiere il proprio dovere nel modo migliore"[96]. Coerentemente con i principi sostenuti, confida alla giovane e al fratello di essere al momento impegnata – coincidenza significativa – in "un romanzo idealista, molto semplice e molto triste", *Senza mercede*, proprio sul tema del "fare il dovere per il dovere"[97]. Su questa linea, forte del suggerimento dell'amica e superando le resistenze iniziali dei familiari, nell'ultimo quarto del testo la giovane si impiega come sorvegliante nella fabbrica di cappelli di paglia del padre; svolgendo il proprio compito con energia e partecipazione, e facendo in tal modo del lavoro la via del riscatto individuale[98]. Nel nuovo ruolo, si interessa personalmente alle singole realtà delle operaie; si batte per l'introduzione di condizioni lavorative più eque e umane per le dipendenti e promuove in orario lavorativo un momento di lettura di un romanzo di soggetto popolare e di carattere morale "nel quale era posto in evidenza l'efficacia della forza di volontà e della perseveranza nella lotta contro l'avverso destino"[99] – in linea con i principi progressisti sostenuti dalla stessa, moderata Jolanda[100].

---

di personaggi di letterate che per diversi aspetti la richiamano: la cultura, l'eleganza, le origini spesso aristocratiche e, ai nostri fini particolarmente significativa, la felicità della penna (p. 119, 130).
[95] *Dopo il sogno*, p. 127.
[96] Ivi, p. 133.
[97] Ivi, p. 98.
[98] Al contrario, per l'io narrante ancora adolescente di *Una donna* di Sibilla Aleramo (del 1906) l'impiego nell'impresa del padre è occasione della conoscenza del marito, dunque all'origine del rapporto martoriante con colui che ne diverrà tiranno.
[99] *Dopo il sogno*, p. 241.
[100] V. Frau, *Fra la virago e la femmina* cit., p. 131-135. A mio parere, la prospettiva aristocratica dell'autrice si evidenzia tuttavia chiaramente nella sottolineatura dell'aumento della produzione che segue la "novità" della lettura: "cessato il motivo di rimostranze, di ribellioni, di perditempo. Il lavoro delle mani industri fioriva, rapido,

Rispetto alle storie delle scrittrici, nel caso di Camilla, grazie al sostegno vivo della letterata di successo e a una più stabile situazione di partenza (lo attesta già la presenza di una famiglia unita), la via della donna verso l'affermazione risulta più lineare; là dove ciò, non si dimentichi, è in gran parte dovuto alla valenza etica, e all'urgenza, dello specifico impegno assunto.

Se lo spazio del racconto è delimitato da una parte dalla rottura della promessa di matrimonio, dall'altro dall'ottobre originariamente fissato per le nozze – venendo così a corrispondere alla permanenza stagionale della scrittrice a Signa – centrale è nel testo anche quella che si può vedere come la tesi dell'analogia dell'esistenza delle due nuove vicine. Divenute intime confidenti, le due amiche vedono poi i propri destini coincidere, compensando entrambe con il lavoro la mancata realizzazione nel matrimonio. Ancora una volta, a conferma dell'equipollenza delle diverse strade che Jolanda, nel suo lavoro pedagogico, indica per la donna[101].

Ma anche dal punto di vista propriamente letterario questo sodalizio poggia su solide basi. Camilla è dapprima entusiasta lettrice dell'opera, poi fruitrice delle sapienti indicazioni di Viola; nello stesso tempo, con la sua presenza conduce l'amica a infrangere quella "Beata solitudo – Sola beatitudo" che la scritta sui pilastri del villino celebra[102], riflesso della "torre d'avorio" in cui l'immaginario collettivo vuole rinchiuso lo scrittore. Involontariamente, e in ultimo a suo proprio vantaggio, la giovane scaglia l'autrice a contatto con la realtà quotidiana del lettore. In questa forma di aiuto reciproco, si vede come la letteratura incontri il pubblico.

Al confronto con *Dopo il sogno*, *La perla*, se da un lato è imponente favola d'arte, amore e morte, dall'altro include la fase fondamentale della formazione della scrittrice. Inoltre, come nel precedente romanzo di amicizia e vita, non vi manca lo strenuo combattimento di una donna.

---

ininterrotto, esatto, mentre la mente si riposava nel regno dell'ideale" (*Dopo il sogno*, p. 241). D'altra parte, come osserva Ugo Montanari – *Il tema del lavoro in Jolanda*, in Clemente Mazzotta (a cura di), *Jolanda: le idee e l'opera*. Atti del Convegno di studi. Cento, 28-29 novembre 1997, Editografica, Bologna 1999, p. 125-160 – "Jolanda non fu mai socialista, per quanto attenta e sensibile ai problemi del lavoro femminile e alle condizioni di miseria e di abbruttimento delle operaie, e anche impegnata perché la donna fosse liberata dalle angustie della sua vita in una prospettiva di generale emancipazione modernista e moderatamente femminista" (p. 125-126).

[101] La scrittrice si rivolge alle diverse categorie professionali, del lavoro artigianale e intellettuale, nei settori della medicina, dell'istruzione e anche della letteratura – Frau, *Fra la virago e la femmina* cit., p. 128.

[102] *Dopo il sogno*, p. 32.

3.1.1 Il topos dell'esordiente

Veramente Perla, Silvia e Nancy non sono debitrici ad alcuno per la fama raggiunta. Al contrario, prive di figure di riferimento culturale nell'età della formazione, esse rientrano nel topos della giovane aspirante letterata, non acculturata ma di fervida immaginazione e grande espressività. È lo stereotipo illustrato con efficacia dal Carducci nell'ambito della presentazione della prima edizione delle *Liriche* di Annie Vivanti del 1890. In questa occasione, dell'autrice si elogiano, ad onta della mancanza di una preparazione letteraria di tipo scolastico, la rara e preziosa qualità di sapersi mostrare donna nell'espressione dell'innato talento poetico, e la spinta alla manifestazione della sfera interiore[103] (il tratto introdotto dal Poeta di "romanticismo" si riferisce, in questo caso, alla tendenza all'affermazione dell'individualità)[104].

Sorprendente è l'evidente analogia tra questo giudizio entusiastico e il tono della prefazione ai *Racconti del mare*, con le parole di Alfonso Romei "che accennavano ai pregi e obbligavano tosto il lettore a farsi un criterio esatto del carattere speciale, del risultato di un non comune ingegno femminile cresciuto in libertà, vergine di influenze estranee, non intristito né soffocato da arido e faticoso studio" (P., p. 80).

Se da un lato la spontaneità della composizione di Perla, che si riflette in una scrittura rapida e non rielaborata, è il segreto del suo fatale successo, dall'altro la ragazza, poi, fin dal suo apparire non mostra di rimpiangere la formazione che dice sostanzialmente da autodidatta, prevalentemente tramite letture e l'insegnamento orale del nonno presso cui era vissuta, amabile e vivace figura di ex garibaldino appassionato di astronomia e scienze naturali (P., p. 22-23)[105].

Come pure tale immediatezza è la via del rapido produrre di Silvia che Giustino approva ed incoraggia.

Come si è visto, il tema del secondo dramma è suggerito dal critico letterario Baldani, dunque da una voce maschile del mondo letterario più

---

[103] Carducci, Giosuè, *Liriche di Annie Vivanti - Milano, Treves, 1890*, in "Nuova Antologia", III Serie, XXVII (1890), p. 748-755, p. 748, 751.

[104] Sul motivo della "poetessa e donna", si veda Bianconi, Simona, *L'autobiografia italo-ebraica tra il 1848 e il 1922: memoria di sé, identità, coscienza nazionale*, ibidem, Stuttgart 2009, p. 263-264.

[105] V. Verdirame, *Narratrici e lettrici* cit., p. 25. L'autrice osserva come, sia da parte di Perla che della voce narrante dell'autobiografia di Grazia Deledda, *Cosima*, si mostri "con semplicità la genesi dilettantesca, esperienziale e non sistematica della loro formazione".

ufficiale. Il consiglio, pur accolto senza indugio in un momento di crisi interiore e di vuoto dell'ispirazione, determina per l'autrice la necessità di adottare un nuova modalità operativa che, segnando una rottura con la fase precedente, la trova perplessa e impreparata:

> Non aveva mai lavorato così, volendo e costruendo la sua opera. Ogni opera in lei s'era sempre mossa da sé, perché da sé soltanto s'era voluta; ed ella non aveva mai fatto altro che obbedire docile e con amor seguace a questa volontà di vita, a ogni suo spontaneo movimento interiore. Or che la voleva lei e doveva darle lei il movimento, non sapeva più come cominciare, da che parte rifarsi. Si sentiva arida e vuota, e in quell'aridità e in quel vuoto smaniava.

Parimenti, l'autrice che segue il flusso dell'ispirazione e vive la propria arte aveva da subito sentito con fastidio la questione della ricezione dell'opera – implicazione pubblica della scrittura. Già quando, a Taranto, il padre aveva mandato a stampa le sue prime novelle, essa era stata turbata dal pensiero della lode, che addirittura aveva per un periodo inibito la stessa attività creativa; e adesso si sentiva oppressa, in misura assai maggiore, dalla medesima angoscia (S.M., p. 156).

Con una differenza sostanziale: ora, Silvia alle prese con un nuovo lavoro teatrale è persona rinata. Al suo fianco è un maestro, anche se in una fase di stasi, presenza umana e almeno in apparenza rassicurante, agli antipodi di Giustino ma anche profondamente diversa dalla guida invadente e castrante di Perla.

Infine anche Nancy Avory, pur frequentando nella favola del trionfo poeti e poetucoli di varie correnti, resta indipendente nella creazione. In vista di una continuità della fama raggiunta, è spinta dal consenso pubblico a non abbandonare tale linea vincente.

All'assenza di un'istruzione impartita tradizionalmente fa pendant un'autonomia individuale favorita dalla presenza di una famiglia incompleta dagli effetti solo inizialmente rilevanti sulla vita dell'artista. Le tre protagoniste sono figlie uniche, rimaste precocemente orfane di almeno un genitore: Perla di entrambi, Nancy del padre e Silvia della madre. Lo stesso padre di Silvia, che come si è visto era stato promotore della prima pubblicazione e suo sostenitore infervorato, scompare un mese dopo le nozze. A Roma la ragazza è affiancata dalla presenza burbera ma schietta e generosa dello zio Ippolito Roncella, che in seguito, disgustato dalla prospettiva dell'arricchimento che Giustino impone senza pietà alla nipote, preferisce stabilirsi, poi restare a Cargiore accanto alla madre del carnefice piuttosto che divenirne spettatore della prepotenza nella capitale. Con la sua morte, Silvia perde l'ultimo membro della famiglia di origine e insieme l'ultimo suo alleato.

Se l'artista è da sempre già tale, è il primo cambiamento radicale di ambiente a contaminarne la serenità; a decretare il passaggio da una vita appartata condotta in solitudine secondo le tradizioni locali ad una fase postmatrimoniale di interludio in cui la scrittura si accosta allo svolgimento delle faccende domestiche, e all'adattamento supino e senza immediate, apparenti difficoltà al modello per lei predisposto dal marito.

Né, in fondo, l'ambiente ovattato in cui cresce Nancy è altro che una parvenza. Valeria, punto di riferimento unico e obbligato per la ragazza – con il ramo paterno della famiglia vittima del mal sottile e il ramo materno preso dagli interessi pratici e dal culto del guadagno – si rivela in realtà figura fragile e dagli obiettivi non definiti. Si conforma immediatamente alla funzione di madre, subordinandovi senza soverchio rimpianto le proprie esigenze di essere autonomo attratto dalla prospettiva della realizzazione sentimentale. È la sua stessa costanza nell'adeguarsi a quanto la vita riserva a preservarla dal dissidio interiore che invece affliggerà la figlia. Ma ha continuo bisogno di supporto nell'educazione e nella cura del talento della bambina, nella quale hanno parte attiva la governante e i parenti. Né può esserne sostegno contando sulle sue sole forze nel momento in cui Nancy è a vivere di stenti a New York; lo testimonia il ricorso all'aiuto economico dello zio Giacomo, per il quale essa si decide il giorno stesso in cui un incidente stradale depriva lei della vita e la figlia della madre.

Per comprendere la figura della neofita nel suo carattere "intonso" occorre, infine, segnalare la provenienza nei tre casi da una regione geografica lontana rispetto al luogo in cui si svolge la storia; ciò che ne arricchisce il disegno.

Significativa è la varietà dell'ambientazione delle vicende di Nancy, nata in Inghilterra e poi divisa tra Italia (Milano) e Stati Uniti, con brevi permanenze intermedie a Montecarlo, in Liguria e a Praga – che richiama con evidenza le origini cosmopolite della Vivanti[106]. Ma un tratto esotico presentano anche le origini di Perla, in Liguria, e di Silvia, in Puglia – nell'ottica del tempo punti della penisola assai lontani da Ferrara e Roma; per non dire poi di Cargiore in Piemonte. Inoltre, come Wareside (descritta

---

[106] Pischedda, *Ritratti critici di contemporanei. Annie Vivanti* cit., p. 54.

con dovizia di particolari), nemmeno Ventimiglia e Taranto (solo citate per i riferimenti ai natali delle autrici), compariranno più nel racconto. La freschezza dell'esordiente, sostanzialmente autodidatta e sempre "straniera", in virtù di un insolito *Hintergrund* si può conservare più agevolmente intatta; in tal modo è consentito alle autrici il mantenimento della propria autonomia nella realtà socio-culturale delle città elette, o nel caso di Silvia subite, come nuova dimora.

3.1.2 Il frutto del lavoro e la soma del marito

"Non è forse lavoro? E il lavoro non deve fruttare?"[107].

Al lavoro Silvia e Perla sono avvezze da sempre. L'appartenere alla borghesia medio alta non le ha esentate dalla necessità di un'applicazione costante, con tutte le difficoltà che comporta la scelta di un'occupazione ancora anomala per i codici culturali femminili del tempo.

Se non il denaro necessario alla sussistenza, lo spazio idoneo ad un lavoro concentrato è esso stesso, anche per Nancy, obiettivo di conquista. La stessa stanza con il grande scrittoio messa invano a disposizione da Clarissa sul Lago Maggiore – idealmente dai medesimi effetti della prigione (fantastica) in cui Paul Kingsley si rammaricava di non poterla rinchiudere – si rivelerà l'esca di un perfido tranello[108]. Mentre Perla sposata riesce a lavorare in tempi e spazi che si ritaglia, nostalgica del quartierino solitario che era riuscita a pagarsi coi proventi dei *Racconti del mare*, Silvia, poi, deve a se stessa il grande studio nella villa romana omonima, per quanto Giustino veda assurdamente nella sontuosa abitazione la propria opera d'arte, la creazione materiale che in qualche modo compensa l'attività letteraria della moglie[109].

Procedendo per ordine, l'avventura artistica della protagonista si apre dopo una fase di stabilizzazione dell'attività della scrittura, attraverso un lavoro strutturato in direzione sia di un arricchimento culturale che di un adeguamento alle richieste del mondo letterario e del pubblico. Tale opera

---

[107] S.M., p. 68.
[108] Facendosi cupido in un'unione in partenza fallimentare – è fin da subito chiaro che Aldo e Nancy, inesperti e indifesi, saranno sempre fondamentalmente incompatibili – Clarissa riesce nel duplice scopo di legare saldamente a sé (in qualità di cugina della futura sposa) il cognato, e di punirlo per essere più attraente e divertente del marito Carlo ma a lei stessa precluso.
[109] Danelon, *Il giogo delle parti* cit., p. 23.

di "costruzione" prevede fin da subito, come punto di riferimento, la presenza rispettivamente di un manager e di un maestro per ragioni diverse tutt'altro che disinteressati; proprio in questo consiste, a ben guardare, la *chance* emancipatoria. E la diligenza è premiata.

Tuttavia, malgrado alla donna non siano come si è visto preclusi alti orizzonti cui corrispondono inaspettate opportunità di guadagno a beneficio anche dei personaggi intorno ad essa, tali vantaggi materiali non rivestono ai suoi occhi una particolare importanza. Questa non è, almeno, la mira iniziale. Anzi, Silvia è evidentemente infastidita dal commercio dei suoi testi; a Perla preme in primo luogo il riconoscimento di Alfonso. Nancy poi, che per la più scarsa produttività è pure meno toccata dalla questione, non rivolge particolare attenzione alle proposte dell'editore Baldelli di Roma e dell'editore del precedente *Ciclo di Liriche*, pervenute già prima della conclusione del romanzo (D., p. 200).

Al contrario, gli uomini risultano assai subdoli e animati da obiettivi niente affatto nobili. Riprendendo, in una prospettiva diversa rispetto al capitolo precedente, la disamina del ruolo dei mariti, si nota come i collaboratori di Perla e Silvia si pongano agli antipodi. Alfonso Romei declina nel momento in cui è messo di fronte all'esplosione del talento della moglie, benché in un primo momento paia legare ad esso la sua rinascita come uomo; è quanto indica la rivelazione delle sue qualità sociali di intraprendente organizzatore di eventi mondani e di ospite generoso e premuroso. Del resto, in tale metamorfosi si deve leggere l'effetto del processo di snaturamento dell'artista, in origine rinserrato nella sua aristocratica solitudine, che ne precorre la caduta. Emblema della nuova cura dei contatti interpersonali sono i ricevimenti letterari organizzati il venerdì nel palazzo del Belvedere su idea di Perla, cui fanno riscontro, ugualmente percepiti dalla moglie come onere gravoso, i "lunedì letterari di Villa Silvia" istituiti da Giustino dietro suggerimento di Dora Barmis a scopo promozionale (S.M., p. 139). Contrariamente ad Alfonso, quest'ultimo prosegue coerentemente sulla sua linea: sfrutta la moglie coscientemente e seguendo una modalità strutturata, adombrando la sua azione immorale con lo svolgimento del compito di agente efficiente. Per di più, è bene evidenziarlo, sostiene ipocritamente (dinanzi alla Barmis) di tenere il campo in cui opera Silvia nella debita considerazione e vanta fin dall'inizio precise competenze e uno spirito affaristico che crede ricetta del successo: "studiai la legge su la proprietà letteraria, sicuro! e anche il trattato di Berna sui diritti d'autore... Eh, la letteratura è un campo, signora mia, da contrastare allo sfruttamento sfacciato della stampa e degli editori [...] Però, sa, posso dire d'averlo guadagnato io, il denaro, perché ella dai suoi lavori non avrebbe saputo cavare mai nulla" (S.M., p. 68). Secondo tali affermazioni, tutto lo sforzo è per il bene di entrambi.

Poi l'autrice di fama certa, nel momento in cui rivolge il suo sguardo carico di disprezzo alla vendita della propria letteratura, sente tutto il peso della coercizione al lavoro, ancor più insopportabile perché si tratta di "lavorare per dare ancora a lui una professione, la quale adesso, oltre che ridicola, sarebbe forse sembrata a tutti odiosa" (S.M., p. 145).

È la sfrontataggine castrante di cui è capace a fare di Giustino un riprovevole despota. Per il suo tratto subdolo, questi si differenzia, ad esempio, dal marito tiranno brutale di *Una donna* di Sibilla Aleramo che, per assoggettare la compagna, la costringe all'isolamento: in quest'ultimo, incontrastato dominatore dell'esistenza della moglie – alla quale non resta che porsi in salvo abbandonando il figlio bambino – è assente la deplorevole speculazione dell'agente letterario.

L'uso del talento della moglie balena poi anche ad Aldo, coniuge molto più presente di quanto immediatamente non sembri: egli sa che, sposando Nancy, a fronte dell'assenza di disponibilità economica potrà usufruire del suo genio; nella prospettiva di comode entrate, è inoltre artefice dei primi contatti editoriali in vista del capolavoro (D., p. 197).

Né, da parte sua, l'autrice pensa concretamente di fare della letteratura una vera professione: lo provano i blandi tentativi senza seguito di sostentarsi col proprio lavoro a New York scrivendo articoli; il suo testo per il "giornale Italo-Americano", pur accettato, si scopre poi non soggetto a retribuzione (D., p. 267) e dunque resta unico[110]. Ciò che rende Aldo il marito più inutile dei tre è un'ostentata e deprecabile inerzia, che da allegra diviene sempre più malinconica.

Al di là della consapevolezza delle protagoniste riguardo all'ingiustizia subita, il dato certo è comunque sempre costituito dalla forza della scrittrice

---

[110] Al contrario, il "racconto in cui muore l'eroina" di Viviane Carson (*Racconti americani*, p. 70) è inviato all'*International* e remunerato. Nella novella, anche il marito Jack è poi antitesi di Aldo: non avvenente e alquanto noioso, è lui il pilastro della famiglia dal punto di vista economico. E asseconda la moglie che tiene ad abbigliarsi da "Pasquier"; mentre subito dopo le nozze, la calcolatrice cugina Clarissa si adopera per convincere l'artista della necessità di una raffinata toilette, a correzione del suo aspetto sciatto, con la firma, di massima presentabilità, dello stilista parigino "Paquin" (D., p. 189).

che influenza lo svolgimento della storia familiare. Sono Silvia e Perla dalla penna via via più felice, e Nancy dalle capacità decisionali più importanti di quanto di primo acchito non paia, i pilastri della famiglia; con un sovvertimento dell'"ordine naturale" del tempo che prevede l'uomo addetto al suo sostentamento. Nel caso di Silvia l'inversione delle funzioni che si determina – culminante con l'"esilio" finale di Giustino nel paese di origine che ne comporta la fine dell'esistenza sociale, nella seconda metà del testo in cui il "prodotto" Silvia è già assolutamente vincente – si rivela poi particolarmente degna di nota. Sulla base della provenienza, Michael Rössner osserva come il marito sia rappresentante archetipico del Nord moderno e industrializzato, che assume nell'Italia postunitaria il "ruolo maschile"; mentre la moglie (come del resto lo stesso Pirandello) è rappresentate del Sud relegato nel passivo "ruolo femminile"[111].

In ogni caso, i tre mariti, per ragioni del tutto diverse, finiscono a carico di una moglie più forte e lungimirante, di cui nessuno pare sapere adeguatamente stimare né il talento creativo, né l'energia, né la capacità reattiva. Pertanto l'attività della scrittura non riguarda solo la donna: essa agisce sulla coppia, innescando dinamiche di vario tipo di cui lo sfruttamento è la più vistosa.

Nei contesti anomali che si vengono a creare, in un primo momento risulta in netto svantaggio la moglie. Poi, attraverso percorsi vari, la situazione si inverte: è l'uomo a dover correre ai ripari, abbandonando il ruolo assunto con arrendevolezza decrescente nei tre. Relativamente indolore è la diserzione spontanea di Aldo dalla funzione di padre irresponsabile e compagno di un'autrice dalla fama non consolidata. Negata dinanzi a se stesso, fino alla fine e oltre la prova dei fatti, è invece la perdita della funzione manageriale di Giustino. Così come è contrastata con la violenza estrema la vittoria di Perla da parte di Alfonso, il coniuge sconfitto che non intende farsi da parte.

Un secondo, estremamente importante campo in cui si ripercuote l'attività letteraria è l'esperienza genitoriale. Mentre infatti nei tre casi la paternità è, rispettivamente, tollerata con fastidio, passivamente accettata (come si addice alla figura di Aldo), o ambita invano, per la donna la questione della maternità risulta strettamente connessa con la carriera. E anche sotto questo aspetto il prezzo da pagare per la fama è altissimo: il

---

[111] Rössner, Postfazione a *Der Mann seiner Frau* cit., p. 363-365.

successo arride a chi non diventa madre o non si assume le responsabilità del ruolo.

Il nesso tra i due elementi è evidente nell'associazione di maternità e salvezza (libertà dall'imposizione) compiuta da Silvia:

> Se ella avesse potuto aggrapparsi al figlio che le era stato strappato e non pensare né attender più a nulla, avrebbe trovato certamente nel suo bambino la forza di chiudersi tutta nell'ufficio della maternità e di non esser più altro che madre, la forza di resistere a ogni tentazione d'arte per non dar più pretesto al marito d'offenderla e di ridurla alla disperazione con quel furor di guadagni e quello spettacolo di bravure (S.M. p. 159).

Qui, ad emergere dal lamento all'indiretto libero è soprattutto il rimpianto del ruolo visto come salvifico; la maternità viene presa a riferimento per la sua portata determinante in quanto esperienza affettiva e psicologica.

Prova della non centralità del figlio ne è la ripetuta menzione del nome – "Vittorio", "Rino", il vezzeggiativo "Rirì" – solo a partire dall'ultimo capitolo, nel giorno precedente la sua scomparsa per la "perniciosa" (S.M., p. 195). Contrariamente a Nancy, che nella cerchia familiare è oggetto delle premure di tutti e di Valeria *in primis*, il bambino della coppia, da subito indesiderato poi accantonato nell'oasi tranquilla di Cargiore e qui destinato a spegnersi, è figlio di nessuno. Anzi, come osserva acutamente Fabio Danelon, gli "è delegata la funzione di cartina di tornasole dell'inseparabile distanza che separa Silvia e Giustino, dal momento del concepimento fino a quello della sepoltura"[112]. La sua stessa esistenza segna i confini della storia.

Il rimorso da parte di Silvia per il mancato adempimento del compito che la natura le aveva assegnato viene poi ad intrecciarsi con quello che è stato, nel rapporto con Gueli, effimero risveglio della natura femminile sacrificata entro le pareti domestiche da un rapporto malato. Durante la perdita dei sensi seguita alla vista del bambino, essa

> si sentì come chiamata dal fondo della vita trascorsa lì un anno addietro [...] – Silvia !... Silvia!... – da lontano. Ah, se avesse potuto sentire allora il suo nome gridato così, ella avrebbe trovato la forza di resistere a ogni tentazione; sarebbe rimasta lì col suo piccino, in quel nido di pace tra i monti, e il suo piccino non sarebbe morto, e nessuna delle cose orrende che erano avvenute, sarebbe avvenuta. Quella più orrenda fra tutte [...] si sentiva

---

[112] Danelon, *Il giogo delle parti* cit., p. 55. L'autore definisce Cargiore "illusorio *locus amoenus*, luogo della memoria d'una presunta innocenza originaria" contrapposto a Roma, dominata dalla corruzione.

bruciar le carni dalla vergogna di un unico amplesso [...] là a Ostia, e rimasto disperatamente incompiuto (S.M., p. 215).

Nella tradizionalmente consolidata contrapposizione tra i ruoli femminili, quello della donna emancipata e artefice del proprio destino e quello della moglie-madre, si vedono in Pirandello – che come si è visto, con pionieristico umorismo, sostituisce i ruoli dei due coniugi – scambiati dapprima i termini nei binomi: donna padrona di sé-madre da un lato, moglie-scrittrice dall'altro. Alla fine, venuti meno due componenti, l'arte resta patrimonio di Silvia viva e autonoma.

A ben guardare, il motivo di fondo dell'interruzione dell'attività di Nancy è invece un'essenziale mancanza di volontà, inframmezzata da richiami dell'arte sempre più saltuari, che si manifesta già a partire dal tempo prima della maternità, con la letterata tutta protesa verso la dimensione del sentimento e infine fatalmente attratta dal cugino Aldo. Nel suo caso, la stanza fornita sul Lago Maggiore non costituisce una garanzia per l'attività creativa. Come è, del resto, per l'assenza di concorrenti nel campo della letteratura: le figure caricaturali dei poeti che le fanno la corte le sono tutte inferiori, e anzi paiono attingere linfa dal suo trionfo.

Con la strada dinanzi a sé precocemente spianata, l'autrice è palese immagine antitetica di Annie Vivanti che invece, per una degna ricezione delle prime liriche, ha dovuto porsi al seguito del Poeta nazionale *par excellence*, Carducci (somigliando in ciò assai di più a Perla bagnata sotto la pioggia). In seguito ad uno straordinario successo, rientrata dopo un lunga permanenza negli Stati Uniti, ad un'età per i canoni del tempo matura e alle prese con la gestione della figlia Vivien, promessa musicale, la "musa" di Carducci sfida con *I divoratori* l'accoglienza del pubblico e riesce a conquistarne l'approvazione[113]. In tal modo, emerge come donna-artista vincente non solo di fronte al personaggio di Nancy, ma anche contro i dettami sociali consolidati e trasmessi di generazione in generazione che la vogliono "divorata". Lo stesso intento del testo, a prescindere dal corso degli eventi, si fa poi conferma della determinazione dell'autrice. Come osserva acutamente Gianni Venturi, "Annie Vivanti non si rifiuta a narrare quella esperienza e quella scelta, ma in questo caso ponendosi su un piano diverso

---

[113] Si veda in proposito la ricca e stimolante Introduzione di Carlo Caporossi alla recente edizione del romanzo da lui curata (cui si è fatto riferimento nel presente lavoro), p. 7-21, p. 18. Sul "pretesto" delle coincidenze biografiche tra l'autrice e Nancy, vedi inoltre Caporossi, Carlo, *Per rileggere Annie Vivanti a sessant'anni dalla morte*, in "Nuova Antologia", Anno 137°, Fasc. 2221, Gennaio-Marzo 2002, p. 269-292, p. 278-279.

da quello ideologico: la narrazione, qualunque sia la scelta tematica e ideologica ha usato la scrittura, l'ha in qualche modo liberata dal tabù dell'appartenenza al sesso maschile, quindi ne ha permesso il diritto anche per l'altra metà del cielo"[114].

Più lineare, anche perché diretta specificamente alla salvaguardia del diritto alla scrittura, è la lotta di Perla Bianco, per la quale la maternità non ha il tempo di realizzarsi[115]. Nel romanzo di Jolanda, la deprivazione della moglie di un ambiente atto al lavoro è primo indizio della volontà di prevaricazione maschile. L'esasperazione della situazione conduce poi alla tragedia finale, con la donna fisica irrimediabilmente assoggettata al misantropo. Ma Jolanda si rifiuta di far desistere la protagonista dal suo piano creativo; perché per una tale immolazione mancano i presupposti, significativamente identificati, nelle riflessioni tra sé all'indiretto libero di Perla giunta alla disperazione, nei doveri della maternità o nell'assistenza al compagno costretto all'infermità (P., p. 385). Ed escogita un finale tragico in cui l'artista riesce a preservarsi a prezzo della vita fisica; mentre le vicende sono trasposte, smorzandosi nel loro portato drammatico, nella dimensione della letteratura-aneddotica e della storia locale. L'avventura di Perla ne esce idealizzata, facendosi così per Jolanda soggetto *perfetto* da narrare, per rendere con efficacia la lotta per il riscatto dalla condizione femminile di subordinazione. L'essere umano donna, che all'inizio presenta interesse agli occhi di Romei solo come "categoria" in qualità di soggetto dell'arte, alla fine lo supera e lo distrugge. Tutto ruota intorno al conflitto tra i coniugi-artisti, come attesta il titolo originario dell'opera, *L'èmula*, che Jolanda dichiara nell'*Avvertenza ai critici* di avere modificato per ragioni estetiche.

La medesima forma di sostituzione in una posizione di primo piano, sia pure in altro contesto e non connotata dalle stesse dinamiche di corruzione del sentimento e di conflitto cruento, si riscontra nel film statunitense "A star is born" di William Wellman del 1937. La storia si apre con l'illustrazione della realtà della protagonista, Esther Victoria Blodgett, giovane provinciale di modeste origini, dal talento e dall'ostinazione indiscussi e, non si

---

[114] Venturi, Gianni, *Serpenti e dismisura: la narrativa di Annie Vivanti da Circe a Naja tripudians,* in Emanuelle Genevois (a cura di), *Les femmes-écrivains en Italie (1870-1920): ordres et libertés,* Croniques Italiennes, nn. 39/40, 1994, Université de la Sorbonne, Paris 1994, pp. 293-309, p. 295.

[115] Frau, *Sulla soglia dell'emancipazione* cit., nota proiettata nell'opera di Jolanda l'incompatibilità, per i tempi ancora prematuri, della professione di letterata con il ruolo all'interno della famiglia (p. 142).

dimentichi, donna. Nel contesto di quella che si tratteggia quale condizione di partenza emblematica, l'aspirante star persegue il successo – sostenuta dal sogno della celebrità, che è trincea contro la prospettiva di un destino oscuro sulle montagne del Nord Dakota.

A Hollywood colei che in arte diverrà Vicki Lester s'imbatte casualmente – cameriera occasionale, volutamente introdottasi in una festa a cui partecipano personaggi dell'ambiente dello spettacolo (dunque non meno ardita di Perla) – nel grande e fascinoso attore Norman Maine, ormai sul viale del tramonto per il vizio conclamato dell'alcol e la nevrastenia. Grazie alla conquista di questo contatto strategico, l'attrice si afferma in breve tempo nel mondo del cinema, e col matrimonio si lega doppiamente al proprio rivelatore.

In seguito, presto soppiantato dalla moglie, non più scritturato né rispettato da nessuno, Norman finisce col ridursi ombra di lei pur senza nutrire nei suoi confronti, come accade per Alfonso, alcuna forma di acredine o risentimento. Da parte sua Vicki fa di tutto per sostenerlo e valorizzarlo come uomo e come artista, ma non riesce alla fine ad evitarne la scelta suicida. Diversamente da quanto avviene per l'effetto ultimo della gelosia cieca e perversa di Romei, la morte di questo più umano e amabile pigmalione si connota piuttosto di inevitabilità. Essa è gesto che in fondo ne espia l'intemperanza e gli attacchi d'ira incontrollata, posto al limite del cedimento a tratti rabbioso o passivo dell'attore lungo il sentiero del declino. Di più: è momento di riscatto, che riabilita agli occhi del pubblico un'immagine contaminata dalle debolezze in vita; e soprattutto, è atto estremo di rinuncia attraverso cui il marito, ridotto ormai a zavorra umana, cessa di rappresentare un ostacolo per la diva, che già si era dichiarata pronta a sacrificare la carriera per salvarlo.

Ma il ritiro dal mondo dello spettacolo per amore non trova posto nella celebrazione dell'intraprendenza muliebre e del suo premio. Ecco dunque che nel film si è indotti dai fatti a schierarsi alla fine con Vicki, conscia del suo dovere ultimo di lavorare per il successo e di superare la tragedia per seguire l'ineludibile via della fama. Anche l'epilogo del dramma coniugale dell'attrice è sereno, col suo saluto al pubblico in veste di moglie dello scomparso (e dunque rinunciando alle credenziali del successo personale) e con le parole al microfono della nonna di lei orgogliosa di essere giunta alla sua veneranda età a Hollywood, il mondo dei sogni, nel quale aveva incitato la nipote a tentare la fortuna nell'esordio della vicenda.

Tali dichiarazioni si accostano alla valutazione conclusiva di Jolanda: "un episodio di più d'amore e di morte da tramandare alla storia" (P., p. 417). La realtà perde dunque le sue tinte tragiche, addirittura sfuma. Su questo epilogo il lettore si sente chiamato a riflettere. In rapporto agli esiti della donna letterata, impossibilitata a vivere la celebrità meritatamente raggiunta, la posizione di Jolanda è ambigua. Alfonso punisce con la morte la moglie, ma direttamente dopo anche se stesso; alla sciagura sopravvive solo lo scritto, che nessuno dei due contendenti osa dare alle fiamme, con la sua "anomala" paternità femminile. Mentre a colmare il vuoto creato da un finale sotto questo punto di vista aperto è il passaggio nel contesto neutro della storia locale.

3.1.3 La femme est l'avenir des lettres

Le dinamiche viziate, che come si è visto di innescano nella coppia, conducono al progressivo affrancamento dell'artista dal modello e dalla guida nel lavoro. Del resto, già in partenza le figure dei tre coniugi non risultano propriamente possenti. Per Giustino e Aldo si può parlare di caratteri squallidi e a tratti amorali; mentre la grandezza di Alfonso si colloca prima dell'esordio della storia. Nel momento in cui il lettore lo incontra egli è impegnato nelle *Gorgoni*, opera dotta e complessa che da subito si intuisce lontana dai gusti dei contemporanei, la cui fredda accoglienza viene poi a porre in discussione una fama che era parsa incrollabile. Ineguagliabile tra i contemporanei lo scrittore resta solamente agli occhi della giovane promessa, oltre che (nella memoria) dei fratelli Barbieri. In fondo, nella sua prospettiva distorta dall'amore Perla è l'unica ad esaltare le *Gorgoni*.

Del tutto a sua insaputa, la donna è strumento nelle mani del marito che decide di unirsi a lei per soddisfare, dominandola, le pretese egemoniche che la letteratura non appaga più. Ma si tratta di un provvedimento non sufficiente: l'abbandono definitivo del podio letterario è alla base del "ripudio" dello stesso amore coniugale.

Così come a sua insaputa Perla incarna la scrittura nuova, snella e accessibile nello stile, lontana dalla cura ossessiva della forma e dall'elitarismo dell'erudizione, vicina al mondo quotidiano dei lettori: la scrittura degli incassi. In lei si reifica l'idea della letteratura moderna, che il celebre Romei può, a suo agio, disprezzare e mortificare imputandole direttamente la colpa della sua caduta. Nella sua "idolatria delle Lettere", egli rifiuta in fondo la "generosità della Vita"[116], di cui si fa portavoce un'arte di carattere più immediato e di maggior fortuna. E, di conseguenza, imputa la sconfitta all'interruzione della vita in solitudine (P., p. 369).

Accusa il colpo dell'*Ignota*. Diversamente da quanto accade nell'esame del racconto sull'amore coniugale da parte di Leda, Alfonso che intraprende la lettura del romanzo, dapprima riluttante e incredulo, ne resta poi avvinto. Sia pure in apparenza impassibile, deve ammettere davanti a se stesso di assistere al trionfo dell'arte, in un'"opera di vita e di passione oltre che d'idealità pura" (P., p. 334). Alfonso è consapevole che Perla non è più alunna, ma destinata a divenire "caposcuola" (P., p. 343). Essa ha tradito le sue aspettative; anziché essere per lui "una ispiratrice, una Musa [...] una compagna sagace" è "un'artista, un astro sorgente, un'èmula", che per di più ha avuto accesso alla fama attraverso un percorso – a differenza del suo, irto di difficoltà – rapido e fortunato: "caduta dopo il suo primo volo tra un autore noto e un editore possente che l'avevano sollevata tra le loro braccia valide e le avevano dato dall'oggi al domani poco meno che la celebrità" (P., p. 359-360).

Infine, lo scrittore è conscio di essere incapace di evolversi, di rinnovare una produzione che non soddisfa più i gusti del pubblico, come comprova l'esito deludente dell'ultimo romanzo storico a sua firma, *Albori di regno*. E un ultimo schiaffo di Jolanda: nel racconto, all'esposizione dell'insuccesso segue immediatamente la lista delle fortune letterarie della rivale e nuova beniamina dell'editore Arces, dai primi racconti ai versi, al primo romanzo, ai *Racconti Ariosteschi* di ambientazione storica, al secondo romanzo, *La sfinge vinta*, al fortunatissimo tentativo teatrale (P., p. 361-362).

A questo proposito, un tratto comune dei romanzi con protagonisti femminili della prima fase è proprio la percezione del successo del libro in quanto oggetto commerciale *tout court*, a prescindere da un'analisi che penetri in profondità nella questione della ricezione del testo da parte della critica e nei suoi aspetti dialogici[117]. D'altra parte, l'attestazione del successo presso il grande pubblico è funzionale all'istanza dell'affermazione personale al centro dei romanzi di primo grado.

L'esito di Jolanda è sicuro: nell'atmosfera borghese e un po' fiabesca della Ferrara di inizio secolo, l'autrice che, cedendo al richiamo della

---

[116] Claude-Edmonde Magny, *Lettera sul potere di scrivere* cit., a proposito di "ciò che vi è di angusto nell'arte di Flaubert" (p. 37).

[117] La differenziazione è alla base del contributo di Robert Escarpit, *Succès et survie littéraires* cit., p. 129.

scrittura, ha avuto l'ardire di arrischiarsi nel regno dell'uomo[118], non ha avuto il tempo per divenire, con le parole di Louis Aragon, "l'avenir de l'homme"[119] in senso fisico, ma si è fatta "l'avenir des lettres".

Tornando all'interno del testo, questa nuova posizione emerge poi anche al di là del favore del pubblico, nonché dei conflitti nell'ambiente domestico. È quanto dimostra l'incontro casuale nella biblioteca dell'Università tra Perla – che vi si è recata alla ricerca di un testo per il marito – e Aldobrandino. Figura sensibile e riservata, rispettoso delle scelte sentimentali della donna, il giovane letterato, che si dice al momento impegnato nella composizione di una raccolta di liriche di antichi poeti ferraresi (lavoro compilativo commissionato dall'editore Barbera), si mostra come sempre attento quando si informa sul lavoro dell'artista[120]. Quindi, volendo spronarla a infrangere la pausa dell'attività creativa che Alfonso le ha imposto e che la rende malinconica, la incita a realizzare la sua idea di un gruppo di racconti fantastici ispirati ad antichi edifici ferraresi di cui suggerisce il titolo, "Racconti Ariosteschi" (P., p. 354). E lei, esortata dal poeta, metterà in atto il progetto con un risultato che si pone, superfluo dirlo, sulla linea dei precedenti. In tal modo avalla la propria superiorità dinanzi ad Aldobrandino (letterato dagli obiettivi più modesti), dimostrando come nell'esercizio della letteratura la donna possa prevalere sull'uomo anche là dove non vi sia, come nel matrimonio, un certame tra rivali ad imporre un esito determinato, e là dove l'uomo sia connotato del tutto positivamente. Inoltre, il "fatale" incontro rappresenta l'occasione in cui si sancisce una forma di collaborazione tra interlocutori dotati di una stessa sensibilità umana e letteraria, un'alleanza tra due individui e due artisti non smentita fino alla fine della storia. Anche in questo modo, ha termine la subordinazione della donna.

Parallelamente, sempre al concludersi di una (qui meno definitiva) tragedia coniugale, Silvia conserva indenne la propria fama diversamente da quanto accade per il fragile cultore della classicità Maurizio Gueli. Anch'egli, giunto alla piena età matura, ad onta della considerevole opera letteraria e

---

[118] V. p. 79 del presente lavoro.
[119] Aragon, Louis, *Louis Aragon commente Le fou d'Elsa, une épopée de quatre cents pages*. Intervista con Thérèse de Saint-Phalle, "Le Monde des livres", 09.11.1963.
[120] A testimonianza di un'ammirazione incondizionata, l'amico comunica alla giovane di avere composto in suo omaggio una collana di liriche dal titolo "I sonetti di Belvedere", ispirate dalla visione del giardino fresco e misterioso, meta delle proprie peregrinazioni notturne (P., p. 350).

filosofica a cui ha dato vita, dal *Socrate demente* alle *Favole di Roma* (S.M., p. 175), vive un momento di stasi nella produzione, e non è in grado di essere per l'amata un valido aiuto nella fatica del secondo dramma. Per di più, alla sua caduta sul piano della reputazione per colpa di due relazioni entrambe, in diverso modo, sconvenienti, si aggiunge l'annientamento totale dell'autonomia decisionale dell'individuo, che Livia riaccoglie – privato del braccio destro (il lato della scrittura) – al di là di ogni aspettativa del lettore interdetto.

In questi esempi si conferma la trasformazione della donna da maestra e trasmettitrice a vera e propria creatrice di cultura; da prima fruitrice del prodotto letterario (lettrice)[121] a produttrice dello stesso. Da Amalia Brentani creata alla fine del XIX secolo avida di romanzi, a Perla Bianco capace di sfornarli; in un passaggio che, come si è visto, si caratterizza nei testi come tutt'altro che indolore.

3.1.4 Volle, fortissimamente volle

E per un motivo ben preciso: "Io non sono mai stata a scuola, non ho mai studiato, non so niente di niente. Ma sento che *debbo* scrivere e scrivo..." – afferma Perla intrisa di pioggia dinanzi ad Arces e a Romei (P., p. 24).

Anche se del cammino verso l'affermazione i romanzieri enfatizzano soprattutto gli ostacoli, dalle diverse strade di Silvia, Nancy e Perla si evince un omaggio al talento e alla perseveranza femminile. Che, in particolare nel caso del narratore uomo Pirandello, di regola non impegnato nell'abbracciare cause di ordine etico e civile e dunque, nella fattispecie, nel tematizzare attraverso le loro manifestazioni gli svantaggi della condizione muliebre, acquista un significato particolare.

Gli ostacoli da rimuovere sono collocati su più livelli e visibili già in partenza.

Prima di rivolgere l'attenzione agli interventi dall'esterno, è importante rimarcare come l'aspirante scrittrice sia per sua stessa natura inizialmente incerta nella comunicazione, nell'ambito dei contatti sociali talvolta anche di ordine privato.

Il caso più eclatante è quello di Nancy Avory, dapprima ammaestrata, e amministrata, da chi ne è responsabile dell'educazione; poi

---

[121] V. Bordoni, Carlo, *Il romanzo di consumo. Editoria e letteratura di massa*, Liguori Editore, Napoli 1993, p. 78-79. Sulla tematizzazione delle letture idonee alle giovani donne all'alba del XX secolo, v. Frau, *Sulla soglia dell'emancipazione* cit., p. 116-117.

progressivamente deviata dalla scrittura dall'assunzione di nuovi impegni inderogabili e fagocitanti. Prima la ragazza non ha tempo né modo (la precocità della fama le gioca contro) di leggersi dentro alla ricerca di una poetica da presentare al pubblico, tutta intenta invece alla costruzione di una propria immagine col supporto dei (o meglio delle) familiari; poi mantiene lo stesso atteggiamento poco volitivo anche nella nuova strada su cui, più per inerzia che per risoluzione, si è posta. E il dramma che si sviluppa in queste condizioni si consuma essenzialmente nella sfera interiore. Nel successivo rapporto con il Selvaggio, malgrado l'*escamotage* dell'identità fittizia la donna è più autentica e interattiva, forse perché ferma nel non volersi più compromettere in un amore completo. A questo punto della vicenda però, come si è visto, troppo nella sua vita è irreversibile[122]. Solo alla fine, a Nancy rimasta sola dopo le nozze della figlia – dopo aver soffocato il richiamo dell'arte e poi chiuso intenzionalmente gli occhi sul baratro della sconfitta – non resta che piangere lacrime amare. Nel suo caso pare di intravvedere una forma di rimorso per il sacrificio compiuto della realizzazione personale all'amore materno; ciò che entra in collisione, inevitabilmente problematizzandola, con quella che è una condizione liberamente assunta in nome di una "vocazione volontaria e insopprimibile"[123]. E non è semplice tentare di prefigurarsi l'avvenire di Nancy che ha desistito.

Nella sua fase di tormentata passività, Silvia ha invece almeno l'attenuante di essere vittima di un parassita che si presume indispensabile, e dunque si arroga il diritto di gestire la presentazione in pubblico del suo prodotto. Ma lei, più forte della consorella, non si lascia disanimare: nella prospettiva della salvezza combatte per il proprio riscatto, attraverso un conflitto solitario in cui l'intervento estremo di Gueli ha certamente una funzione di secondo piano.

Viceversa l'ingenua Perla, catapultata nel mondo letterario ferrarese, diviene ben presto abile comunicatrice e, contrariamente alle consorelle, deve lottare per non perdere, anziché per trovare sé stessa. Riesce ad essere brillante, come mostra l'atteggiamento disinvolto in occasione della serata alla Sala Gialla del Castello Estense alla presenza dei principali esponenti del mondo culturale della città (dopo il primo successo) – dove compare abbigliata di una leggera tunica bianca di foggia greca (P., p. 115), immagine

---

[122] Venturi, Gianni, *Serpenti e dismisura* cit., p. 300.
[123] V. Nozzoli, Anna, *Tabù e coscienza. La condizione femminile nella letteratura italiana del Novecento*, La Nuova Italia, Firenze 1978, p. 12.

quasi "divina". Ma aspira ad una vita mondana presa nella giusta dose, che non intralci la cura dell'arte (come avverrà in quella forma di castigo che si riveleranno i venerdì letterari). Nel momento in cui si rinchiude in casa per portare a termine *L'ignota*, approfittando della benefica assenza di Alfonso, allontana i contatti sociali che la distolgono dal lavoro per esprimersi in un altro modo, più profondo e duraturo: tramite la penna che non potrà più abbandonare. Neppure quando si risolve, in un ultimo effimero proposito, ad assecondare il volere insensato del marito: in quel punto sarà la scintilla della creazione a dominarla (P., p. 404).

Perla sa da sempre ciò che vuole. In questo, il suo è paradossalmente il destino meno tragico.

Dunque, gli "appoggi" di cui godono Perla e con più evidenza Silvia si ritorcono con forza contro le stesse. Con la sola eccezione di Alda, artista e donna atipica, le due scrittrici acquisiscono invece sicurezza nel contatto interpersonale con uomini dalla sensibilità affine, anche se non abbastanza forti da poter operare un intervento salvifico.

Sempre con lo sguardo rivolto alla persona della protagonista e alla sua maturazione, occorre considerare il ruolo fondamentale giocato in tutti i casi dall'esperienza e dall'età, e non secondariamente dalla ricezione presso i lettori, che la rendono più forte e consapevole del proprio valore creativo.

Le circostanze biografiche e il fatto di essere insolitamente giovane, che implica una naturale quasi incoscienza, giustificano la "rigidità" dell'aspirante artista Nancy. La ragazza, ritenuta da chi l'attornia bisognosa di guida e protezione, non è mai veramente autonoma né libera nei movimenti; si potrebbe anzi osservare come non le venga conferita la fiducia che le spetta in ragione delle capacità. Nonostante questo, ancora notevolmente immatura, essa è pronta, sull'onda delle ovazioni pubbliche, a spiccare il salto nel nuovo genere.

Il racconto della visita al "Poeta pagano della nuova Roma"[124], che sollecita la poetessa al lavoro, è posticipato nel testo; per ridare forza al motivo in un punto in cui, adombrato dalle priorità del compito materno, esso aveva cominciato ad attenuarsi, ma anche, inversamente, per relegare la prospettiva della gloria nella sfera del ricordo.

Al contrario, il percorso di Silvia è lineare. Nella fase successiva all'"illuminazione", nel colloquio con Baldani e alla presenza di Giustino, per preservare la propria individualità e al contempo sminuire la missione del

---

[124] V. a p. 62 del lavoro.

tiranno, Silvia arriva a deprezzare la pratica dell'arte: "– Gioja di creare? – proruppe Silvia. – Non l'ho mai provata [...] Se lei mi parla d'arte, io non capisco nulla di nulla" (S.M., S.149). Nell'anelito alla libertà, persino l'ultima fede nell'arte è posta in discussione. Anche se poi tali affermazioni, distruttive e dissonanti, si rivelano agli occhi dell'interlocutore conferma definitiva di una spontaneità vincente: "Voi siete una vera forza della natura; dirò meglio, siete la natura stessa che si serve dello strumento della vostra fantasia per creare opere sopra le comuni" (S.M., p. 150).

La condivisione forzata del talento delle donne sfocia, come si è visto, nella sua utilizzazione da parte di chi che ne è a più diretto contatto, là dove tale rischio non viene individuato in tempo, né adeguatamente stimato dalle defraudate. A ciò si devono gli epiloghi tragici, dopo che l'artista si è ritirata sdegnosa e ha riconsiderato le proprie possibilità creative.

In questo Nancy, che pure non riesce ad affermarsi, non sfugge al destino delle consorelle. Nemmeno lei può dirsi sostenuta in alcun modo da Aldo. Anzi, le sue fortunate intuizioni nel gioco d'azzardo daranno, almeno per un istante, il miraggio del recupero della magra rendita dissipata dal marito nella breve parentesi del casinò di Montecarlo. Inoltre, come prova anche la stessa storia dell'autrice meno perseverante, il talento è per sua stessa natura inesauribile. Sul finire del più esteso Libro secondo, che ne copre la giovinezza e l'età adulta, la protagonista deve la riconquistata sicurezza materiale e il maturo equilibrio raggiunto a fatica – con Anne-Marie da supportare nella carriera musicale – alla penna felice che ha saputo dar vita e forma a "quella delle Lettere". In questa veste Nancy, che millanta con eleganza e abilità una condizione ben diversa dalla propria (abitudine al lusso, ai viaggi, al gioco d'azzardo e ai molti amanti), merita prima il vivo interesse, poi tutto l'amore del ricco Selvaggio. Lei che nella carta si crea una nuova identità e nella (celata) realtà è tutta protesa verso la luce della celebrità della figlia; lui uomo delle miniere. Se la loro storia è irrealizzabile a priori, essa è pur sempre frutto dell'abilità della scrittrice migrata dal manoscritto riposto alle epistole allo Sconosciuto. Con "quella delle lettere" che si cala nella dimensione della letteratura e afferma di assomigliare all'"eroina di una novelletta vecchio stile". E che poi, nel definire la realtà, esplicita il concetto tramite l'analogia vita – "pesante romanzo moderno in cui appare e scompare tanta gente superflua e soporifica [...] Ed invano vi si aspetta l'inaspettato" (D., p. 360). In tal modo, è attraverso l'esistenza stessa che Nancy realizza la sua opera. Alla fine, le tre protagoniste raggiungono in qualche modo l'ambito traguardo.

Ma il testo che inscena con maggior efficacia l'emancipazione e l'affermazione della donna è quello di Jolanda. Con l'ausilio di una focalizzazione interna sulla protagonista e del frequente impiego dell'indiretto libero, esso presenta, infatti, la peculiarità di riprendere un conflitto alla pari, tra due autori dei due sessi. Nell'esordio si mostra l'ordine "naturale" dei fatti. Alfonso Romei è al culmine della fama, universalmente acclamato dalla critica e dal vasto pubblico. Perla Bianco un'orfana ligure, proveniente dall'altro capo della penisola, sconosciuta aspirante scrittrice con un passato non particolarmente avvincente ma in qualche modo suggestivo. Le vicende successive, riassumibili negli sforzi per acquisire gli strumenti tecnici della composizione e rinforzare un debole bagaglio culturale di partenza, con entusiasmo, umiltà e ostinazione fino alla conquista della celebrità, seguono logicamente alle premesse. Né la lenta trasfigurazione di Alfonso, per il quale il possesso della donna va di pari passo con la volontà annientatrice, esce più di tanto dall'orizzonte di attesa del lettore, alleato sempre fedele nella lotta dell'artista.

3.1.5 Il sorriso di Mura

Ai drammi delle tre protagoniste dei romanzi si contrappone la situazione inscenata in un vivace ed eloquente racconto di Mura, pseudonimo di Maria Volpi Nannipieri, che nel terzo e quarto decennio del ventesimo secolo firma una cospicua produzione di romanzi rosa e novelle incentrati soprattutto sui temi dell'amore, della sensibilità femminile e del ruolo della donna nella famiglia. In *Letteratura*, tratto dalla raccolta *Confidenze e manie di donna* del 1927, all'io narrante, una nota autrice, si presenta in casa di primo mattino una giovane aspirante artista. Introdotta da una descrizione assai dettagliata che suscita fin da subito simpatia (voce dolce e opaca, musetto grazioso, "sorgente di soleggiata giovinezza" della cornice dei capelli biondi[125]), essa enuncia il progetto di darsi alla letteratura per seguire la "scuola" della scrittrice matura e affermata, eletta per lo stile semplice e rapido che la contrassegna. Questa, da parte sua, non può che stupirsi dinanzi a una tanto insolita dichiarazione di intenti. Poi, per asserire con autorevolezza la gravità del compito che la visitatrice vuole assumere, procede ad esporre i disagi connessi con la pratica della scrittura: "La nostra

---

[125] Mura, *Confidenze e manie di donne. Novelle*, Sonzogno, Milano 1942, p. 59-60.

vita di artisti non ha nulla di particolare, se non un lavoro continuo, del giorno e della notte, se non un tormento continuo, di tutti gli attimi, se non la impossibilità di dormire, di riposare, di passeggiare..."; e ancora, "Sulla nostra vita interiore, di sentimento e di pensiero, di ansia e di dolore... sì, di dolore, perché la gioia del lavoro compiuto non sempre compensa del dolore che lo ha creato [...] farsi delle illusioni non è facile". Nella sua chiarificazione l'io narrante tocca le due esperienze presupposto alla letteratura, il dolore e l'amore, poiché "Soltanto nel dolore e nell'amore si può concepire un'opera d'arte"; la cultura è ingrediente importante per perfezionare e rielaborare, ma a creare lavorano l'ingegno e il cuore[126].

È una presa di posizione nei confronti dell'arte ferma e definita, che riconduce all'opinione sostenuta dal Carducci a proposito delle manifestazioni del talento letterario femminile[127].

Non è in riferimento alle specificità dei sessi che Mura puntualizza l'essenza della professione della scrittura; la sua teoria è presentata come universalmente valida. Ma nel seguito del racconto, in cui il lettore è progressivamente messo a parte del nome (Margherita Alvari) e di pochissime informazioni riguardo all'aspirante autrice, se ne legge l'applicazione al femminile.

Margherita mostra alla protagonista un suo scritto dedicato ad un non menzionato giovane "maestro", sul tema di un amore incompreso, che subito si deduce avere per oggetto il destinatario. È in apparenza ansiosa di ricevere suggerimenti per perfezionare il suo prodotto, ma in realtà è fieramente restia ad alterarne il carattere originale. I consigli della "caposcuola" sono perciò destinati a non essere accolti, dalle modifiche al titolo e alla dedica, allo stile; mentre la ragazza seguita a crogiolarsi nel suo rapporto ambiguo con un lavoro compiuto di cui ambisce alla pubblicazione, primo passo necessario sulla via dell'arte, senza volere adattarsi a consigli che lo possano "snaturare". Dinanzi a tale determinazione, l'io narrante le suggerisce di optare per la cura del sentimento amoroso piuttosto che per l'arte – prospettiva che trova del tutto ostile Margherita, la quale si considera un'artista e dunque disdegna la mediocrità del matrimonio. L'esito della vicenda resta aperto: la visitatrice, che assume alla fine un atteggiamento pacato e consenziente, nonostante le raccomandazioni della scrittrice annuncia di voler perseverare nel suo proposito; e pure ammette,

---

[126] Ivi, p. 64-65.
[127] V. p. 98 del presente lavoro.

nelle ultime battute, di avere già ceduto al richiamo dell'amore del "maestro".

Rispetto a quanto accade nei romanzi trattati con protagoniste donne, il quadro della situazione che Mura ci presenta è più disteso, complice un tono del racconto leggero e divertito. Mentre si susseguono rapide e nitide le immagini della conversazione, con l'io narrante a suo massimo agio, ancora sotto le coperte del mattino, e le due dialoganti davanti al caffè che della conversazione è accessorio tipico.

Nella novella si trova ribadito apertamente l'aut-aut artista-moglie. Ma qui, a differenza di quanto avviene nelle tragedie messe in scena nei romanzi, il dilemma si risolve spontaneamente e in maniera indolore con il consiglio alla giovane, dal talento tutt'altro che sicuro e comunque troppo ingenua e immatura, di decidere a priori per il ruolo tradizionale all'interno della famiglia.

Un analogo accostamento della dimensione della concretezza e della pratica della letteratura, non però riferito alla scelta di vita, è presente nella novella *Specialità* che nel testo di Mura precede *Letteratura*. Qui l'io narrante si trova a viaggiare in un vagone con tre passeggere: un'inglese silenziosa, una signora nubile che, a palese scopo riempitivo della solitudine esistenziale, porta con sé dai viaggi compiuti un "ricco bottino"[128] di oggetti tipici e specialità gastronomiche destinate alla sua rete di parenti e conoscenti, e una poetessa. Quest'ultima, armata di macchina da scrivere, compone per diletto sonetti (detti da lei "i sovrani della poesia" poiché sintetici e precisi[129]) sulle persone che incontra e con le quali ha occasione di conversare[130]. Eloquente è la definizione di "mania", con cui la poetessa indica tanto il collezionare *souvenirs* della compagna di viaggio quanto la propria passione per l'esercizio poetico estemporaneo. Un pacchetto con un soprammobile per la scrivania acquistato a Siviglia (che poi, per una svista, si rivelerà contenere un pennello da barba) e un sonetto per la protagonista su rime scelte dalla stessa sono i due doni ricevuti dalle due recenti conoscenze; significativamente, l'uno oggetto regalato dalla viaggiatrice collezionista intenta alla cura dei contatti interpersonali, l'altro attinente

---

[128] Mura, *Confidenze e manie di donne*, p. 29.
[129] Ivi, p. 33.
[130] Si tratta in realtà di un'abile commessa viaggiatrice, come verrà alla luce alla fine della storia dal racconto di un nuovo passeggero – un editore già destinatario di diversi sonetti della donna (Mura, *Confidenze e manie di donne*, p. 39).

alla sfera della letteratura. In *Specialità*, il tono spiccatamente umoristico si accompagna ad una palese demistificazione della pratica dell'arte.

La stessa forma di simpatia divertita suscita l'osservazione della voce narrante di *Precisamente* che, seduta al tavolo di un lussuoso hotel della riviera ligure in attesa del pranzo, definisce "tristezza" la sensazione che prova all'udire "l'attribuzione di scrittrice" accanto al proprio nome. E che sentenzia: "Ho proprio la sensazione che mi invecchi, e che mi addossi responsabilità che non voglio assolutamente avere nella vita"[131].

I racconti di Mura hanno la prerogativa di partire dall'esperienza quotidiana, nel cui contesto la scelta della letteratura operata dalla donna è ripresa con immediatezza e piacevole ironia[132]. Per converso, i riferimenti al motivo mostrano un quadro variegato ed efficace, su cui il lettore non è chiamato a riflettere in profondità – come accade per la stessa immagine della vita che si evince dalle novelle. D'altra parte, al di là di ogni preconcetto e intento valutativo, ciò si spiega alla luce dell'appartenenza dei racconti al genere "rosa". Esso prevede, infatti, quella che il sociologo della letteratura Carlo Bordoni, specificamente a proposito dei romanzi di ambientazione borghese dell'autrice, definisce

> una tipologia dei personaggi estremamente datata e manierata: la donna, bella e idealista, pronta al sacrificio in nome dell'amore, dedita alla casa; il lavoro come ultima 'ratio', il rifugio in cui dimenticare le delusioni sentimentali (una volta c'era il convento) e annullare la propria esistenza, la parte migliore di sé, quella femminile. L'uomo, cinico e realista, ha l'esclusiva del lavoro e dei rapporti sociali, rappresenta la sicurezza economica[133]

là dove il pensiero, e con esso il riso, corre immediatamente a Giustino e alla sua presunzione fanatica.

Ai romanzi rosa di Mura Bordoni accosta la produzione di Annie Vivanti[134]. Tuttavia, in riferimento ai racconti di entrambe le autrici, mi pare di individuare – al di là della comune saggia e divertita distanza dinanzi ai casi e alle scelte della vita espressa dalle voci narranti – una significativa differenza di fondo. Le novelle della Vivanti, si pensi, oltre al già citato racconto americano *En passant*, alle raccolte della fase matura *Zingaresca* (1918) e *Gioia!* (1921), sono dominate dall'imprevisto e abitate da una

---

[131] Mura, *Confidenze e manie di donne*, p. 74-75.
[132] V. Arslan, *La galassia sommersa* cit., *Dame, galline e regine*, p. 36.
[133] Bordoni, *Il romanzo di consumo* cit., p. 86.
[134] Ivi, p. 85.

tipologia di personaggi più ricca e variegata, anche se a livello individuale piuttosto che sociale. Ciò che si ritrova amplificato nei *Divoratori*, che per di più vanno affrontati con lo sguardo rivolto alla natura ciclica del testo (a sua volta rafforzata dalla varietà rappresentativa). Inoltre la scelta di fare di Nancy, scissa tra due amori, la protagonista del romanzo, il *trait d'union* tra le generazioni, implica di per sé l'intento di enucleare i termini del conflitto centrale della donna, che invece nel romanzo rosa si mostra risolto in partenza.

3.2 Rivelazioni

Nelle tre opere più tarde il personaggio scrittore ha assai meno da dimostrare, non deve obbligatoriamente aspirare alla celebrità. Anche perché è, la sua, una posizione di svantaggio in partenza.

Emilio Brentani è segnato da sempre da un malessere esistenziale contro il quale, come noto, egli tenta di adottare variegate soluzioni. Come "sovrastato" dall'esistenza è lo scrittore e intellettuale in corso di "degradazione" del romanzo borghese *L'amore coniugale* che tuttavia, rispetto ad altri personaggi moraviani posteriori con tratti analoghi, con le parole di Romano Luperini "ancora conserva una speranza di decoro, di civiltà, di adesione ai valori passati della borghesia, fra cui soprattutto l'arte"[135] – a ben guardare, tutti obiettivi che si possono adattare al letterato nell'oblio di *Senilità*. Silvio Baldeschi si trova faccia a faccia con la sconfitta delle velleità letterarie, e subito dopo con la disillusione riguardo alla solidità dell'unione coniugale. Ma come si è visto, solo il primo smacco costituisce un vero scoglio. Interessante ai fini della presente lettura è il punto di intersezione dei due campi esistenziali, nel momento esatto dell'intervento di Leda sullo scrittore a prodotto finito, su cui mi focalizzerò sotto nel testo.

Infine il giornale di Cornabò, alieno da ogni istanza di propaganda connessa con il momento storico della stesura, fa esatto oggetto del suo umorismo amaro e distruttivo i perversi miti sociali del tempo: dell'appartenere alla fantomatica schiera degli intellettuali il protagonista battuto dai colpi della sorte non nutre che un'illusione paranoica.

---

[135] Luperini, Romano, *Il Novecento - apparati ideologici ceto intellettuale sistemi formali nella letteratura italiana contemporanea*, tomo secondo, Loescher, Torino 1991, p. 526.

Nondimeno, in ragione del nesso espressione artistica-vita che si crea le ripercussioni della scelta della scrittura appaiono comunque, in tutti e tre i casi, determinanti a livello dell'esistenza sociale del personaggio-uomo.

A qualunque impresa s'appresti, il risultato è fallimentare a priori per l'uomo e per il letterato Gino Cornabò. In questo caso l'opera prodotta è vista dal protagonista come l'immagine del valore individuale e, nelle proiezioni future, una volta divulgata il più sicuro dei riferimenti su cui misurare la pubblica stima. Ma ogni tentativo di ottenere il riconoscimento è vano, in una società squallida e ingrata – pervasa dagli obiettivi del potere, dei titoli e del censo, per reazione superficiale nell'atmosfera fosca del ventennio inoltrato – che rifiuta l'opera di chi, suo malgrado e per iniquità del destino, è condannato prima a restare illustre sconosciuto, poi a divenire reietto. Il destino sociale è per Gino il disprezzo sordido dei contemporanei, cui si accosta poi la delusione inferta anche dai predecessori e dai posteri.

Come Gino, Silvio ed Emilio non si affermano affatto. Per i tre, ad una situazione economica dalla progressiva precarietà che l'attività della scrittura lascia del tutto immutata (si vedano al proposito gli emblemi del barbiere a domicilio e degli abiti sdruciti), corrisponde una fortuna individuale dall'analogo andamento, che rispecchia lo status sociale. Pertanto la scrittura, non immediatamente finalizzata al guadagno, può costituire l'unica occupazione di Silvio nel periodo di reclusione nella villa di campagna, facendosi cagione di una sorta di persistente euforia per la soddisfazione di un lavoro compiuto con diligenza e metodo, della vittoria conseguita nella sfida con se stesso. D'altra parte, già prima di incontrare Leda l'io narrante è un "esteta", "Ossia un uomo abbastanza agiato per vivere ozioso, dedicando questo suo ozio alla comprensione e al godimento dell'arte nelle sue diverse forme" (A.C., p. 14).

In questo caso l'avventura dello scrittore conserva un carattere essenzialmente privato, a dispetto delle sollecitazioni di Leda animata dal desiderio che il marito trovi un'occupazione effettiva e produttiva – "tu devi lavorare, come tutti gli altri... non puoi vivere ozioso, così, accontentandoti di far l'amore con me... devi diventare qualcuno" (A.C., p. 32).

Silvio non ha nulla contro l'ozio a cui si è sempre dato, fatto di letture, ammirazione delle opere altrui, amore; e agli argomenti della moglie ribatte con l'eventuale possibilità di una professione concreta altra dalla scrittura. Ma lei, nella propria risolutezza ottusa, si ostina sulla sola prospettiva del lavoro letterario, forse perché in esso legge la prima iniziativa fattiva del marito.

Nell'opera di Moravia la scrittura è atto autoreferenziale e finisce con il ripercuotersi sull'interazione tra i pochi personaggi messi in scena; diretta, come si vedrà, a rivelare l'identità del protagonista a se stesso.

Come si rileva immediatamente, nonostante appaiano piuttosto incolori, quando non sulla via del grottesco, in relazione alla creazione letteraria i personaggi maschili sono fonte di molte sorprese. Gli sviluppi della storia possono cioè entrare in contraddizione con le premesse.

L'autore meno collaudato e sicuro di sé, più entusiasta nell'approccio al lavoro, avrà la fortuna maggiore grazie alla proficua interazione tra scrittura e rapporto coniugale. Silvio sa apprezzare pienamente la sua condizione di inetto privilegiato, unito ad una donna concreta e costruttiva di pari condizione economica, la cui presenza attiva e confortante, come si è osservato, gli permette di mostrarsi disinteressato al consenso della critica letteraria.

A lavoro compiuto (e non ancora valutato), la riuscita è però sentita in tutta la sua forza anche da un altro punto di vista, ossia a partire dallo stesso svantaggio dei privilegi di nascita: "Ero ricco, ozioso, ma avevo creato; possedevo carta di lusso, studio, biblioteca, macchina da scrivere, ma avevo creato" (A.C., p. 66). E ancora, all'opposto di Romei giunto alla psicopatia e deprivato di tutto, dinanzi a Leda egli si riconosce soddisfatto: "Per anni e anni ho voluto amare una donna ed esserne riamato... ebbene oggi ti amo e, come credo, tu mi ami... per anni e anni ho aspirato a scrivere qualche cosa di durevole, di vivo, di poetico... oggi che ho finito il mio racconto, posso dire di avere ottenuto anche questo" (A.C., p. 69).

Esordiente in seconda istanza, ricondotto alla letteratura dalla moglie dopo timidi tentativi giovanili, è solo del suo commento, non frutto di specifiche competenze nel settore, che tiene conto nel racconto. Certamente perché confida in lei e nella sua imparziale sincerità, ma anche perché, come si è detto, Leda rappresenta la voce del lettore "dai gusti comuni" (A.C., p. 22). Immune dall'oppressione che grava su Emilio, irrigidendolo nei rapporti interpersonali, Silvio può amare pienamente e fidarsi della propria donna, senza curarsi del riconoscimento pubblico. Alla fine, la prova della scrittura si fa occasione di perfezionamento della relazione coniugale, e al contempo conferma della stabilità sociale (con tutta la complessità e la problematicità che la definizione nell'ottica moraviana comporta) del letterato non riuscito.

Nel turbine della disillusione amorosa, anche l'impiegato triestino può ancora scrivere, può ancora vivere, nonostante il brusco impatto con la realtà. D'altra parte, *Senilità* non risparmia le sorprese al lettore: dall'etilismo di Amalia, alle prove finali della sensibilità inaspettata di Stefano Balli al capezzale di lei, all'autonomia e alla reattività riposte nello stesso Emilio: dopo la duplice separazione dalle donne, "Rinacque in lui l'affetto alla tranquillità, alla sicurezza, e la cura di se stesso gli tolse ogni altro desiderio" (S., p. 212).

Un'altra conquista è costituita dal raggiungimento di un sentimento di sereno adeguamento alla propria condizione. Responsabile di ciò è anche la presenza della vicina Elena Deluigi – paradossalmente omonima della famiglia addotta a copertura delle attività poco edificanti di Angiolina – con la quale si sviluppa una forte empatia nei due momenti dell'assistenza ad Amalia nell'agonia finale e della visita che Brentani le fa alcuni mesi dopo, al fine di rinnovare il ricordo della dipartita della sorella per attutire il proprio senso di colpa. Sopravvissuta a ripetuti lutti, l'attempata signora sa e trasmette ad Emilio che "Chi è morto è morto e il conforto non può venire che dai vivi" (S., p. 210). Con tali parole, il protagonista può dare sepoltura ad entrambe le donne; ed anche confonderle nel ricordo.

A drammi compiuti, il personaggio appare sostanzialmente inalterato, se non fosse per l'esperienza acquisita di una debolezza che ora si contenta di sé. Scialbo e inerte come all'inizio della storia, pur non riuscendo a rinnovare la sua misera esistenza può ancora trovare nella vita presente la sua ragione d'essere. Senza più percepirsi in evoluzione; senza più poter illudersi, né disperare.

E rivelazione è la stessa condanna all'anonimato e alla fine di Cornabò, con la rovina del protagonista tanto annunciata da suscitare nel lettore la persistente attesa di un fatto anche secondario, positivo o comunque controcorrente, che contamini il disegno troppo definito della caduta. Ma tutto si ripete con ossessiva precisione, ed ogni speranza di riscatto che l'io narrante induce nel lettore resta frustrata. Solo assumono man mano maggior spazio i contatti interpersonali di Gino, circondato da vicini in carne ed ossa, gradualmente introdotti nel racconto con la propria storia, e sempre affiancato da un'Adalgisa non più sola bensì inserita in quello che si scopre un vivace e variegato contesto familiare. In chiusura del testo è Gino alla disperazione, accanto ad Adalgisa che piange, in quello che nella storia si mostra momento unico, e al contempo di celebrazione, della condivisione di un sentimento autentico. Sigillato in tal modo il fallimento dell'intellettuale, nell'unico scarto dall'umorismo presente nel romanzo si recupera l'immagine dell'uomo.

Per concludere, non è di mutamento di condizione bensì di assunzione di una profonda consapevolezza di sé che si può parlare per i tre testi. Diversamente, le prese di coscienza di Silvia e Perla non possono dirsi rivelazioni, ma risultato di una lenta assimilazione della realtà nei suoi aspetti antitetici del valore creativo individuale e della "malattia" del coniuge.

4. Scrittura e identificazione

L'autore, compiuto o aspirante, si qualifica come tale al di là dell'"accessorio" della prolificità letteraria. È il caso emblematico di Gino Cornabò, dalla copiosa produzione inedita: al lettore bastano l'intenzione manifestata ed un approccio attivo all'impresa per essere trasportato nell'universo della creazione letteraria.

Come, del resto, l'opera può essere conclusa, oppure *in fieri*, o solo pianificata.

Un riferimento illuminante al di fuori del contesto trattato.

Avvolto in un'aura di mistero, il predecessore degli autori incontrati Filippo Arborio, nell'*Innocente* di D'Annunzio del 1892, è figura pienamente identificata a priori. Autore alla moda mai direttamente sulla scena, se si prescinde dall'apparizione presso la sala d'armi frequentata dal protagonista, l'abbiente borghese e intellettuale Tullio Hermil, questi è oggetto dell'odio cieco e furioso dello stesso poiché visto quale unico responsabile della passione adultera della moglie Giuliana (alla quale è concessa la scusante di aver reso la pariglia per i ripetuti tradimenti subiti). Di Arborio, quasi-fantasma tutt'altro che inavvertito nella storia, si legge che ha firmato vari romanzi di successo (puntualmente enumerati), che vive gli ambienti mondani della capitale di fine secolo, che ha annunciato un nuovo libro, *Turris eburnea* – definizione con cui nella dedica sul frontespizio del suo *Segreto* aveva indicato Giuliana[136] (in seguito si insinuerà in Tullio il lacerante e non infondato dubbio del contenuto autobiografico) – destinato a non vedere la luce per il sopraggiungere di una malattia nervosa degenerativa, la "paralisi bulbare"[137], che in breve lo annienta all'età di trentacinque anni.

Ma soprattutto, l'io narrante non omette di riportare l'affinità con le proprie di "alcune particolarità di constituzione cerebrale, come appariva dalla sua opera d'arte"[138], che ne accresce il dramma dell'insidia. E

---

[136] D'Annunzio, Gabriele, *L'innocente*, a cura di Gianni Oliva, Biblioteca Economica Newton, Roma 1995, p. 52.
[137] Ivi, p. 158.
[138] Ivi, p. 123.

retoricamente Tullio si chiede: "Non aveva questo straordinario artista, che i suoi libri mostravano quasi direi sublimato in essenza spirituale pura, non aveva egli esercitato il suo fascino anche su me? [...] Non avevo io ritrovato in qualcuna delle sue creature letterarie certe strane rassomiglianze col mio essere intimo?"[139].

Comunque, per Arborio si tratta di un autore celebrato dal pubblico, di un artista certamente più accessibile per la donna di quanto non sia il marito, egocentrico e sprezzante intellettuale decadente[140]. Alla figura dello scrittore è lo stesso Hermil ad attribuire una forza comunicativa speciale: "esperto, avendo indovinato la special condizione fisica della donna ch'egli voleva possedere, s'era servito del metodo più conveniente e più sicuro, che è questo: – parlare d'idealità, di zone superiori, di alleanze mistiche, ed occupare nel tempo medesimo le mani alla scoperta d'altri misteri; unire insomma un brano di pura eloquenza a una delicata manomessione"[141]. A tanto conduce la pratica dell'arte.

Vittorioso sul concorrente per azione della sola sorte (la malattia), per rimuovere l'ostacolo più tangibile in un'unione coniugale di cui al subentrare del "frutto della colpa" ha realizzato appieno la solidità, il protagonista provoca la morte del figlio neonato dello scrittore (esponendolo al gelo notturno) dato alla luce, sulla base di un'impostura concordata a due, entro le pareti di quella che l'ossessione progressiva di Hermil ha reso vera e propria cella matrimoniale.

In una sintesi che a questo punto del presente lavoro è inevitabile rilevare, il venir meno di *Turris eburnea* si associa all'eliminazione della creatura umana.

Ed ora la parola ai testi, in cui la scrittura è processo visibile e il libro concreta "emanazione" dell'autore.

4.1 L'occasione del riconoscimento (Nancy, Silvio)

La scrittura può costituire il territorio dell'identificazione del personaggio; ad esempio, scandendone le tappe della maturazione individuale.

---

[139] Ivi, p. 52.
[140] Micali, Simona, *Ascesa e declino dell'"uomo di lusso". Il romanzo dell'intellettuale nella Nuova Italia e i suoi modelli europei*, Le Monnier Università, Firenze 2008, p. 55. Sull'eroe dannunziano dell'*Innocente*, nella sua interazione con le figure dei due amanti e nei suoi rapporti con il precedente Andrea Sperelli del *Piacere*, si vedano le p. 148-158.
[141] D'Annunzio, *L'innocente*, p. 124.

Nei *Divoratori* il talento letterario si presenta quale componente dell'identità, dallo sviluppo parallelo alla crescita di Nancy, che passa "dal soave crepuscolo della puerizia all'abbagliante clamore ella celebrità [...] E il giovane capo le fu cinto di splendori. Fu intervistata e citata, imitata e tradotta, invidiata ed adorata" (D., p. 131).

Silvio è invece un benestante adulto che sceglie di cogliere il richiamo della penna. Un uomo senza grandi qualità, dall'esistenza priva di colore, non del tutto insoddisfacente ma nemmeno pienamente vissuta, che però egli sa come gestire a proprio favore. Nel campo degli affetti la scelta è ricaduta su una moglie che, a parte la punta di "corruzione" che si manifesta nella smorfia, si mostra ideale. Inoltre, il personaggio sa contrastare tale grigiore cercando di penetrare nei recessi della mente sottoponendosi alla prova capitale del racconto, momento insieme di confessione e documentazione di sé, dunque rivolgendosi all'arte nella sua funzione catartica per elevarsi al di sopra del sentimento comune[142].

Nel suo caso, l'ancora di salvezza si intravvede al di là delle aspettative. È quanto conferma il recupero del contatto con Leda, su un piano diverso e più profondo e proprio grazie alla mediocre riuscita del testo (già nello spiare la copula della moglie con il barbiere, come osserva Enzo Siciliano, l'uomo "scopre quanto la propria progettualità artistica ed esistenziale nasconda di menzognero, e quanto l'amore sia qualcosa che si alimenta di una pura e disinteressata contemplazione"[143]), che prelude alla conquista di un più solido equilibrio esistenziale.

Come Silvio, nemmeno Nancy perviene ad un risultato soddisfacente. Nonostante le premesse, la letteratura non sfugge alla tirannia degli impegni sociali, poi alla condanna primigenia che la maternità comporta. E la rinuncia alla grande opera in prosa va ricondotta all'arrendevolezza dinanzi ad un ambiente familiare che trova sempre il modo di fagocitare lentamente ciò che ha creato.

In questo caso, il fallimento del romanzo acquista poi un significato più profondo in forza del genere. Il passaggio al nuovo testo segna, infatti, l'ingresso in una diversa e più ampia dimensione dell'espressione artistica, secondo quanto già osservato a proposito del rispecchiamento nella prosa della coscienza dell'autore[144]. Dopo il fortunato tentativo poetico rimasto

---

[142] Siciliano, Enzo, *Moravia: rivolta ed esistenza*, Saggio introduttivo a Alberto Moravia, *Opere 1948-1968*, Classici Bompiani, Milano 1989, p. VII-XXII, p. XI, XIV.
[143] Ivi, p. XII.
[144] V. a p. 7 dell'Introduzione del lavoro.

senza seguito, agli occhi della protagonista il Libro si prospetta come opera dalla grandezza riconosciuta a livello internazionale (D., p. 199, 247), e dunque degna attestazione del nuovo rango di narratrice.

Paradossalmente, ancora di salvezza dinanzi al baratro della negazione del sogno è allora lo schema del divorare che si ripete: per Valeria, che ha come ambizione la realizzazione dell'amore; per Nancy e la sua passione letteraria; per Anne-Marie e la musica.

Nei *Divoratori* si muovono donne della famiglia sostanzialmente sole, non incentivate da presenze forti e di supporto (o almeno mai nel momento opportuno); ma tutto sommato fiere e piene di spirito, detentrici di un'innata forza interiore che le fa sopravvivere in un mondo segnato da lutti precoci e difficoltà su vari fronti. Così, sarà la conservazione dello schema mamma-accanto al bambino che piange (ad introduzione delle due pagine del Libro terzo, secondo il modello dei primi due) a dare l'idea della continuità dell'esistenza. Senza tale immagine non ci sarebbe questa certezza, visto lo sconforto assoluto di Nancy dopo le nozze di Anne-Marie. Tuttavia, con la separazione dalle proprie creature, figlia e Libro, nella conclusione del testo emerge chiaramente come Nancy, senza più alcun obiettivo, sia una donna "spezzata".

Come Valeria all'irrompere del suo trionfo come poetessa, anche lei è spinta "nell'ombra dove seggono le madri, con miti labbra che nessuno bacia, con dolci occhi di cui nessuno conta le lagrime" (D., p. 514); ma, mentre il ritiro della prima madre è accompagnato da serena rassegnazione, la scrittrice è divorata con più acuto dolore.

4.2 Il riflesso e le propaggini dell'inettitudine (Emilio, Gino)

In *Una vita* (1892) di Svevo, testo su cui vale la pena di soffermarsi, la passione letteraria del protagonista si inserisce nel percorso delle vicende.

Il primo territorio della manifestazione del fallimento di Alfonso Nitti, autore solo in potenza, è la realtà lavorativa della banca in cui è inserito, dominata da un diffuso malumore, spirale di sacrifici e di ipocrisia ai fini della carriera per la quale, come si legge in apertura all'opera nel desiderio del rientro nel villaggio di provenienza, il giovane non sente una particolare vocazione. Nella vita privata egli sostiene con la sua pigione, animato da un sentimento di amicizia che sconfina nell'affetto filiale, la famiglia Lanucci presso cui vive, che la mutata condizione professionale del padre costringe ad un disagio sconosciuto in passato. E coltiva un progressivo interesse per Annetta Maller, l'attraente e capricciosa figlia del suo principale, in cui però non si identifica dapprima un vero e proprio amore.

Come Emilio con l'amata, Alfonso si gratifica nel momento in cui vede riconosciuta "nel visino di Lucia [la giovane figlia dei Lanucci alla quale si incarica di trasmettere i fondamenti della lingua italiana] non intelligente ma attento" la sua superiorità culturale e la sua efficacia espositiva; ma poi il suo tono saccente e distanziato, adottato in quello che si delinea sempre più nettamente come un tentativo vano, si inasprisce all'eccesso demotivando definitivamente l'alunna mediocre e di fatto disinteressata. Senza l'ingrediente dell'amore, viene meno la pazienza che invece connota l'opera di Emilio maestro di Angiolina.

D'altra parte, la cura delle lettere è da subito sullo sfondo, a rappresentare quasi l'unico obiettivo costruttivo di Nitti che, attraverso letture quotidiane (rinchiuso nella propria stanza o in biblioteca, e non di romanzi, ma di testi teorici), mira a divenire un autore esemplare per la purezza dello stile e della lingua[145]. Si tratta di un lavoro graduale e pianificato, inizialmente concretizzato nella stesura di un trattato di filosofia dall'ambizioso e vago titolo *L'idea morale nel mondo moderno*[146], destinato a restare incompiuto.

Un fatto è certo: l'impulso a scrivere, come via per "convertire il negativo in positivo" è tenace nell'impiegato non "tagliato" per la propria occupazione[147].

A un determinato punto le strade dello scrittore e dell'innamorato si intersecano. L'entusiasmo per una scrittura che si stacchi dall'erudizione è infuso dalla nuova passione letteraria vissuta da Annetta, che si rivela immediatamente opportunità di contatto per il protagonista, pronto a riconoscere che "Non era una donna quando parlava di letteratura. Era un uomo nella lotta per la vita, moralmente un esame muscoloso"[148] – là dove l'osservazione precorre le prove di forza presenti in opere posteriori di ameno un ventennio oggetto del capitolo precedente.

---

[145] Svevo, Italo, *Una vita*, Orsa Maggiore, Torriana (Fo) 1993, p. 36.
[146] Parallelamente, "studi morali dal vero" occupano l'"inetto" Corrado Silla rientrato a Milano dal Palazzo sul Lago di Como – v. p. 13 del lavoro.
[147] Barilli, Renato, *La linea Svevo-Pirandello*, Mondadori, Milano 2003, p. 63.
[148] Svevo, *Una vita*, p. 86.

Prima di pensare ad un testo in comune, Annetta, pur conscia del proprio ruolo, nutre già fermi propositi di pubblicazione, e così si rivolge al futuro compagno di penna al quale imputa un'eccessiva attenzione alla lima: "Per noi donne vi sono altri riguardi. Però [...] spero che di qua a qualche mese non potrà più muovermi in tale rimprovero"[149]. Inoltre, dinanzi al progetto del medico romanziere Parchi (sul tema, a lui consono, di un caso di lento formarsi di paralisi progressiva) essa gli pone immediatamente il quesito dell'esito concreto: "il romanzo sì, ma il successo?"[150].

Assai meno compiacente davanti all'iniziativa si mostra Macario, avvocato cugino della donna e assiduo frequentatore di casa Maller. Impregnato di misoginia (come mostra la sua abilità nel denigrare la cugina), imputando *tout court* ai tentativi attuali della scrittura femminile un'assoluta mancanza di originalità, l'energico e attraente, freddo e abile uomo di mondo – che per spirito e tendenza al sarcasmo richiama immediatamente lo scultore Stefano Balli (pure più umano di lui, e a tratti profondamente sensibile) – riconosce nella nuova passione di Annetta niente di più che un capriccio effimero:

> Ecco almeno una vocazione che non inquieta nessuno; fra qualche mese non ne parlerà più. Credo le abbia turbata la mente la fama conquistata in Italia da altre donne. Queste donne! Una comincia e le altre seguono come le oche. L'esempio degli uomini non conta per esse. Imitano questa, imitano quella, e mai s'accorgono d'imitare, perché i loro cervellini ne sanno tanto di originalità da ritenerla equivalente ad esattezza, esattezza nella copia. L'originale fra loro è quella che per la prima imita gli uomini[151].

In seguito, la meta della scrittura è resa per Alfonso inaspettatamente più accessibile dall'idea nata in Annetta di un romanzo a quattro mani. Inizialmente la ragazza pensa al tema di un giovane giunto in città dalla provincia, spaesato – proprio come il suo autore designato, ma a differenza di questi nobile – col proposito di inserirvi poi un amore[152]. In virtù della posizione di maggior forza e della stessa presa di iniziativa, nella realizzazione, come si vedrà, è Annetta ad avere voce più forte in capitolo[153].

---

[149] Ivi, p. 80.
[150] Ivi, p. 87.
[151] Ivi, p. 68.
[152] Ivi, p. 93.
[153] Sulla diversa concezione del romanzo dei due collaboratori, e sulla serie delle modifiche apportate successivamente alla trama – con tutte le versioni in stretta relazione con la vicenda di *Una vita* – v. Micali, *Ascesa e declino dell'"uomo di lusso"* cit., p. 202-212.

La cooperazione si preannuncia tra autori quasi "provetti", che si presentano con orgoglio i lavori precedenti: lei la storia a lieto fine di "un'anima d'artista" che con il tempo influenza positivamente il marito "non degno di lei"; lui la sua opera sulla morale. Ciò spiega la decisione della ragazza di un primo sviluppo autonomo del progetto, per poi confrontare le idee raccolte in vista di un risultato comune[154].

Ma per Alfonso è difficile procedere su una trama tanto vaga; allora Annetta, apportando una correzione al metodo del lavoro, propone una ripartizione dei compiti non esattamente equa: lui, più dotto e meno esperto della vita, addetto allo sviluppo dell'idea, lei alla "revisione" dello scritto, ossia al dialogo e alla descrizione, capitolo per capitolo.

La donna dichiara di mirare al raggiungimento del successo, non alla gloria presso i posteri; pertanto escogita l'idea di uno pseudonimo di copertura e suggerisce di ricorrere alla vicenda dell'orso, uomo o donna, "domato per forza di amore", "ricetta" che l'esperienza mostra vincente a teatro e tra i lettori[155]. E Alfonso si adatta anche a quanto percepisce una banalità commerciale: alla storia, accettata solo perché schizzata dall'amata, di una giovane che finisce col cedere all'amore onesto e virtuoso del ricco industriale a cui si è unita in matrimonio in seguito al tradimento da parte di un duca.

Queste le premesse del primo capitolo realizzato da Alfonso, che però non riscuote l'approvazione della committente. Giudicandolo "grigio", eccessivamente descrittivo e scarno nella storia, essa gli comunica di averlo dovuto riscrivere e gli sottopone il nuovo lavoro. A questo punto lo scrittore, che pure accusa il colpo del lavoro vano e ammette di non condividere la ricerca indiscriminata del successo al prezzo del sacrificio dell'arte, finisce con il celare le proprie autentiche impressioni[156]; in tal modo la collaborazione pare poter procedere secondo le modalità stabilite.

Ma poi, nonostante ogni proposito di condiscendenza, Alfonso arriva a prendere a noia il progetto, che per volere dell'ideatrice ha assunto la forma di una superficiale commediola, coacervo di personaggi e storielle collaterali[157], di un prodotto sempre meno attinente allo schema prestabilito dell'"orso domato". Ora è solo la prospettiva della visita a casa Maller che conta; fino al punto in cui l'autore è confortato dal non vedere recriminato il

---
[154] Svevo, *Una vita*, p. 94.
[155] Ivi, p. 100.
[156] Ivi, p. 101-103.
[157] Ivi, p. 104.

languire del lavoro letterario nemmeno dall'amata, alla quale ha nel frattempo preso a manifestare i propri sentimenti[158].

In sintesi, il lavoro è in realtà l'occasione per una frequentazione regolare e per lo sviluppo di un solido rapporto interpersonale basato sulla confidenza. Da subito si rivelano la debole natura dell'impresa, e la reale funzione di mediazione che questa ha assunto nell'ambigua relazione sentimentale – di cui il successivo fidanzamento con il ricco Macario svelerà la natura insignificante. Infine, la storia definitivamente interrotta dell'"orso domato", con i due protagonisti che non riescono a desistere dalla fierezza distruttiva che li separa, si traspone nella vicenda di Alfonso ed egli, prevedibilmente senza esito, si dichiara[159].

L'avventura del libro-pretesto riflette tanto lo scarso orgoglio letterario dello scrittore[160], quanto la vanità e l'incapacità – si chiami pure inettitudine – della donna vanamente protesa al successo, di cui il protagonista prenderà coscienza.

Per concludere, come in *Senilità* la vita tarla rapidamente e irreparabilmente il risultato della scrittura. Dopo un periodo in cui tergiversano (con successivi ritorni di iniziativa di composizione), i coautori, privati della rispettiva motivazione, desistono dall'opera.

A differenza di quello, rinnovato, di Emilio, il tentativo di Alfonso è però più duraturo e articolato. Ciò è comprensibile, sia per l'assenza di un passato di scrittura che gli ponga dinanzi la sterilità del nuovo risultato, che, soprattutto, per l'essere il suo agire direttamente condizionato dall'influente musa cui si deve la prima idea del romanzo.

In queste circostanze, nella collaborazione si esprime l'energia inattesa del protagonista in contrasto con la generale acquiescenza mostrata nella vita lavorativa. Tuttavia, rispetto all'avventura dell'inetto che gli succede, l'esito fallimentare dell'impresa letteraria non si differenzia: la via dell'innamorato-autore, sintesi su cui si fonda l'identità del protagonista, è ancora una volta senza uscita. Dalla collaborazione, con le parole di Renato Barilli, Alfonso "si ritrae nauseato dal pensiero di dover recitare la parte dell'amante trepido, modesto, ma anche incalzante e deciso"[161], dal momento che ciò implica uno spirito di iniziativa a lui estraneo. Nemmeno

---

[158] Ivi, p. 110.
[159] Ivi, p. 120-121.
[160] Evidente nell'accettazione, suo malgrado, del romanzo "preconfezionato" al fine di compiacere l'amata.
[161] Barilli, *La linea Svevo-Pirandello* cit., p. 67.

la scrittura potrà dunque rendere al protagonista meno fosca la prospettiva esistenziale frapponendosi al suicidio.

Vari elementi diversificano Alfonso rinato nel protagonista di *Senilità*: l'età più matura, una condizione abitativa indipendente, responsabilità familiari ristrette ma associate ad una convivenza che influisce concretamente sullo svolgimento della vita quotidiana. Ma, appunto in ragione della sua maggiore stabilità, ad Emilio è concessa, se possibile, una ancor minore libertà di movimento – che poi, tuttavia, il legame con Angiolina esigerà via via più urgentemente. Questa l'origine del rifugio nell'arte, che si concretizza nella cura della passione letteraria, come negli scambi su questioni artistiche con Stefano Balli che, se apparentemente fini a se stessi e nemmeno troppo equilibrati sul piano intellettuale, hanno però la funzione di alleviare la monotonia e la mediocrità di un'esistenza che si trascina. Al suo entrare in scena, Angiolina prende ad accentrare su di sé tutte le poche energie dell'uomo, allontanandolo momentaneamente dall'arte e privandolo della sua funzione come si è visto salvifica a livello dell'autostima. Quando pare che l'avventura, fortunatamente per la dignità del protagonista, si chiuda, questi riprende per un istante la penna, intimamente persuaso dei benefici dell'opera e optando per l'autobiografia.

Scrivendo, Emilio prova a scrollarsi di dosso un po' della polvere dell'inettitudine. Ma poi il progetto non pare meritare la perseveranza nell'obiettivo; il romanzo è troncato. Del resto, per lui come per Alfonso non poteva essere diverso: intriso della sostanza dell'inetto, il lavoro autobiografico non può che non farsi. Con una differenza da rilevare: ad un'incapacità meno assoluta di quella del precedente autore nell'oblio – vi manca la componente dell'emarginazione da parte della società[162] – si associa un atteggiamento ancor più rinunciatario rispetto alla letteratura.

In ultimo, nella scrittura si esprime quello che è stato definito il "bovarismo" del protagonista – riscontrabile anche in *Una vita*. Come per Alfonso già a partire dal trattato filosofico, anche per il romanziere fallito la prova della letteratura risponde ad ambizioni di successo associate ad inquietudine, irrealizzabili in partenza[163].

---

[162] Si osserva tuttavia come, entro le pareti domestiche, il bancario misconosciuto riesca ad esprimere, anche oltre la fine, la propria solidarietà umana, lasciando (memore dell'affetto e della stima di cui era stato destinatario) in eredità ogni sostanza alla signora Lanucci dalla famiglia in precarie condizioni economiche.

[163] V. Moloney, Brian, *Svevo, Flaubert e il bovarismo*, in Idem, *Italo Svevo narratore. Lezioni triestine*, Libreria Editrice Goriziana, Gorizia 1998, p. 63-74, p. 67-68. Come osserva

La pratica dell'arte lascia, però, una significativa eredità. Dopo la tragedia, nella mente avvezza alla creazione l'immagine di Angiolina si trasfigura, conservando il fascino esteriore ma assumendo i tratti della tristezza e della fragilità della defunta Amalia e "l'occhio limpido ed intellettuale" (S., p. 212) – raffinato richiamo dello stesso Emilio, che alla bella creatura si sente fuso in tutto il proprio essere. Come si accenna nella chiusa del romanzo, la nuova e confortante immagine adorna il futuro di chi, stabilendosi il nuovo obiettivo della sola cura di sé, recupera un vigore bastevole alla sopravvivenza[164]. Mentre il "sogno" della sintesi delle due donne, indistruttibile perché infine relegato nel passato, è esso stesso ultimo segnale di bovarismo[165].

Nel caso di Silvio Baldeschi non si può parlare di incostanza creativa: l'impegno per il testo è intenso e concentrato nel tempo. La sfida, che d'altra parte non si mostra mai questione vitale, è forse persa; ma alla fine il protagonista raggiunge la meta della maturazione, come individuo e nel suo rapporto di coppia.

Diversamente, il testo in cui vive Cornabò è interamente finalizzato al riscatto dall'oblio di un'opera colossale di cui il mondo non ha riconosciuto il merito – emblematica la citazione ironica dei ringraziamenti dell'élite degli autori del tempo in seguito all'invio di copie degli scritti. Ma paradossalmente, il lamento inesauribile di Gino negletto dai contemporanei se ne fa canto del fallimento esistenziale. Il tono dell'astio e dell'ansia disperata di rivendicazione è atto ad esprimere la natura quasi disumana dell'essere sociale che si sente al di sopra di tutti e a tutti inviso. Solo quando non c'è più via di uscita, le lacrime (di Adalgisa) acquistano la loro funzione catartica. A diario compiuto, l'individuo ritrova se stesso immerso in un dolore senza più speranza né ragioni di attesa; ma reale perché cosciente e condiviso.

---

l'autore, il romanzo centrale di Svevo è accomunato all'opera flaubertiana dalla coesistenza di dialogo, discorso diretto e indiretto libero (p. 64-65), nonché dalla coincidenza delle iniziali "E. B." dei due protagonisti. *Senilità* è poi detta "vera e propria epidemia di bovarismo" (p. 68), esteso all'artista fondamentalmente fallito Balli, ad Angiolina che aspira alla ricchezza e sceglie la via incerta della fuga con un ladro, ad Amalia cui è concesso solo di sognare – e che, aggiungerei, si induce il sogno distruggendosi con l'alcol (v. p. 26 del presente testo).

[164] Sulla natura dell'inetto Emilio posseduto da Angiolina, si veda Barilli, *La linea Svevo-Pirandello* cit., p. 75-83.

[165] Moloney, *Svevo, Flaubert e il bovarismo* cit., p. 70.

4.3 Storie di formazione continua (Silvia, Perla)

Diversamente da quanto accade per gli autori degli altri due gruppi, in questo caso la carriera appare strutturata: in essa si delineano i processi e le tappe dell'ingresso nell'universo letterario, le cui chiare premesse si collocano anteriormente rispetto ai fatti della fabula. Perciò Nancy non può accostarsi alle consorelle: il suo successo è precoce e repentino, ma per destino effimero. Il racconto è equilibratamente dedicato alle origini e alle prime manifestazioni del talento, e poi al suo tradimento all'insorgere di responsabilità inderogabili; vi sono scanditi dalle tappe della biografia lo sviluppo e la cura della passione letteraria, e la lenta azione di rimozione del progetto ad opera della maternità.

Silvia affida invece Vittorino alle cure della nonna paterna per potersi dedicare pienamente alla carriera. In *Suo marito* è il bambino a soccombere, nell'interpretazione del padre Giustino, prima che al virus pernicioso al disinteressamento di entrambi i genitori – ciecamente dediti, rispettivamente, l'uno a foggiare l'immagine pubblica dell'autrice, l'altra a sottrarvisi per restare autenticamente se stessa. Perché interdipendenti sono i coniugi Roncella-Boggiolo; trattati in fondo alla stessa stregua dall'autore del romanzo che, ponendo in primo piano il personaggio nel suo ruolo, fa assumere al narratore eterodiegetico un punto di vista che si sposta da lei a lui.

Perla e Silvia, abili e diligenti, hanno occasione di crescere e maturare come autrici aggirandosi tra i vari generi con un'agilità encomiabile agli occhi del lettore, che sa quali fatiche e rinunce siano poste dietro ai risultati. Autrici che in origine *vogliono* scrivere, alla fine esse *devono* scrivere. Per ragioni diverse, ma entrambe ad ogni prezzo. Ciò che le due donne divengono e cessano di essere (vittima del coniuge) è strettamente connesso con gli sviluppi e le battute d'arresto del lavoro della scrittura – secondo un programma di formazione continua disegnato, dai rispettivi romanzieri di primo grado, *ad personam*.

Nella storia di Silvia poi, tale evoluzione precorre alla lontana una situazione che a distanza di un decennio diverrà icona della riflessione metanarrativa pirandelliana: nell'autrice è possibile identificare il personaggio che si ribella all'autore (è, non secondariamente, del "personaggio" da presentare che l'artefice del "prodotto" si occupa), che acquista l'ardire necessario alla rinascita nel momento in cui appare in tutta la sua sgradevolezza l'autentica natura egemonica della sua guida[166]. E che alla fine – a fronte di Perla atterrata dal colpo mortale – disintegratosi rispetto all'immagine iniziale e conquistata una nuova identità, si impone da sé.

---

[166] Cfr. Neri, Rossella, *La metanarrativa. Le teorie, la storia, i testi*, Dottorato di ricerca in letteratura e filologia. Indirizzo moderno-contemporaneo. Letterature comparate, XXI Ciclo, Università degli Studi di Verona, p. 66-67 – http://www.univr.it/documenti/AllegatiOA/allegatooa_02958.pdf, ultima visualizzazione: 12.12.2013.

Conclusione

Come afferma Roland Barthes, il lettore del testo ha bisogno dell'autore – anche in un'epoca nella quale quest'ultimo, come istituzione, non esiste più e la sua persona pubblica (civile), biografica, con i suoi drammi è scomparsa[167]. Ma nel momento in cui, elemento opzionale del racconto, entra in scena il motivo della scrittura, le posizioni vengono ad invertirsi: al centro dell'attenzione di chi legge è il personaggio con la sua composizione[168]; mentre l'opera creata (nel primo grado elemento primario), il cui valore intrinseco come si è visto non è determinante, è condizione imprescindibile per la definizione stessa dello scrittore.

Risultato, sui due livelli narrativi ha luogo una duplicazione (che implica un rafforzamento) del binomio autore-testo. Grazie ad essa, e alla presenza di un contesto di creazione che rispecchia quello di origine, si amplifica l'incanto dello stesso incontro tra l'autore del testo principale e il lettore a cui questo è destinato.

Le risorse non si esauriscono qui. Ancora in riferimento alla "cornice" che lo contiene, il motivo dalla scrittura conferisce vitalità e dinamicità al racconto, introducendone uno (o più) altro, nuovo ed esente da ogni rapporto di filiazione dal principale, presentato nei momenti della sua concezione, genesi o fortuna (in uno o più di essi). E lo sguardo rivolto dal lettore al personaggio scrittore è sempre rapito, indipendentemente dalla sua caratterizzazione nella storia: questi suscita riverenza, sublimando la capacità dell'uomo di esprimersi. L'immagine della scrittura è, infatti, al contempo segno del potere della parola e sua apoteosi: il personaggio che compone cede al richiamo incoercibile della natura e all'impulso alla comunicazione, e viene ad acquisire una posizione di autonomia nelle relazioni interne al testo così come agli occhi del pubblico.

In tutti i romanzi di primo grado letti l'avventura della scrittura, di indiscussa centralità, è trattata nella sua integrità. Non costituiscono vere

---

[167] Barthes, Roland, *Le plaisir du texte*, Éditions du seuil, Paris 1973, p. 45.
[168] Alessandro Iovinelli definisce l'autore *di carta* una figura del testo, e in quanto tale insopprimibile – *L'autore e il personaggio. L'opera metabiografica nella narrativa italiana degli ultimi trent'anni*, Rubbettino Editore, Soveria Mannelli (Catanzaro) 2004, p. 34.

eccezioni né *L'amore coniugale*, in cui la storia dell'attività letteraria del protagonista al momento dell'introduzione del flashback (subito all'inizio) è lasciata in ombra, né il *Diario* in cui Gino Cornabò procede a sviscerare il suo stato di avvilimento. Qui coincidono le conclusioni del testo e della vicenda; come peraltro accade nelle altre opere, eccetto *Suo marito* (in cui si lascia Silvia in carriera) e, ancora una volta, il romanzo di Moravia. Ma, se da un lato il futuro professionale dei due protagonisti omonimi Silvio/Silvia resta oscuro, dall'altro l'azione presenta la fusione delle due storie della scrittura e del matrimonio, e il lettore è messo ampiamente a parte del destino dei coniugi.

Per il suo potere di definizione del personaggio e della rete relazionale in cui questo è collocato, la realizzazione dell'opera (come il suo tentativo) non è mai è elemento puramente accessorio: può rappresentare un punto di svolta per il protagonista, facendosene nuovo fattore dell'identità, o invece costituire una conferma di essa; può aiutare il processo dell'autoanalisi.

Al di là della comune condizione di privilegio nell'ambito del sistema narrativo, ogni personaggio che crea ha un proprio destino individuale e sociale, inevitabilmente riflesso di precise condizioni storico-culturali.

Nei romanzi del primo periodo, si nota come al centro della rappresentazione sia il raggiungimento della fama da parte della donna, che si associa alle istanze dell'emancipazione e dell'affermazione personale proprie del contesto sociale del tempo – là dove è anche delle prime opere che si tratta. Né con questo entrano in contraddizione gli intenti peculiari di Pirandello, che per far risaltare gli aspetti più tipici, e a tratti grotteschi, del rapporto manager-prodotto si serve di un contesto coniugale, la cui naturale intimità schiude più ampi orizzonti alla messa in scena dell'interazione dei caratteri umani. Mentre nello stesso tempo, in *Suo marito* si arricchisce e si amplifica il motivo moderno e di sicura fortuna di una donna che, da asservita, finisce col sovvertire l'ordine costituito e mandare in esilio il suo aguzzino.

Per quanto concerne il periodo successivo, accanto alle opere "circolari" di Svevo e Campanile, incentrate sullo svisceramento dell'identità del protagonista nel tessuto e negli sviluppi della narrazione, la novità è costituita dall'*Amore coniugale*. Si tratta dell'unico testo a rappresentare un rapporto con la scrittura del tutto libero, gestito secondo modalità opportunamente scelte, con l'autore che si misura con la creazione – in relazione alla diligenza nella composizione non meno che al talento – senza giungere a toccarne il tema degli effetti futuri in termini di notorietà o di ricavi. Né nella narrazione, che pure è in forma di flashback, ci si sofferma sul significato dell'intensa esperienza di lavoro ai fini della successiva pratica dell'attività creativa, di cui come si è detto il testo non parla. Nell'incipit del racconto si legge che Silvio, in quella che si desume essere una condizione di equilibrio esistenziale, è da tempo serenamente coniugato con Leda e padre di tre figli, sempre benestante e socialmente ben collocato.

Un punto di contatto tra i testi con protagonisti maschili è rappresentato dall'idea di "rifugio" nella scrittura in essi contenuta, contrapposta all'opportunità di rivincita per le donne. Emilio ha eletto a proprio destino un grigiore di cui, in fondo, si compiace e che lo salverà; ad esso si ancora ancor più strettamente nel momento in cui anche l'inadeguatezza all'arte (di cui l'interruzione del racconto è prova inequivocabile) rientra, e senza traumi, nel dominio del fallimento. Gino si rivolge per il proprio testamento spirituale al genere letterario autoreferenziale per eccellenza, che diviene così sicura "dimora" dal momento che la fuga reiterata dai creditori gliene impedisce una fissa. Infine, Silvio si getta nell'esperimento creativo con una foga che rende incompatibile ogni altra attività, a partire dalla cura dei contatti umani perfino nel contesto coniugale. Ma sempre con la rinascita in vista: grazie alla promessa mantenuta del racconto potrà infine tornare a Leda; e con nuova forza.

... Dovunque, allora, una conferma del potere della scrittura, che da occasione di sfida si fa degna destinataria di tutta la fiducia di chi la sceglie come via, fino ad interagirne, anche grazie alla sua funzione maieutica, con la natura più profonda.

Un potere che Nancy Avory non sottovaluta, dal momento che l'abbandono del manoscritto è ragione di tanto rimpianto. E che nemmeno si vede vacillare nella sua domanda all'indiretto libero, cui fa eco il quesito riproposto dalla voce narrante: "A che cosa avrebbe servito scrivere quel libro? Tanto valeva non averlo scritto. / Ed a che cosa serve questo racconto ch'io vi faccio? ... È una storia che potevo tralasciar di narrare".

La conclusione è inequivocabile: "Forse così dirà anche Iddio quando spenti ai Suoi piedi ripiomberanno i morti mondi, alla fine dell'Eternità" (D., p. 330).

... In tal modo, sulla linea dell'alternativa seducente con cui si apre l'Introduzione, si conferma l'equivalenza sostanziale della vita e della scrittura.

Bibliografia

Testi narrativi esaminati

Campanile, Achille, *Il diario di Gino Cornabò*, Introduzione di Lodovico Terzi, bestBur Rizzoli, Milano 2012.

Jolanda, *La perla*, liberty house, Ferrara 2001.

Moravia, Alberto, *L'amore coniugale*, Bompiani, Milano 2006.

Pirandello, Luigi, *Suo marito*, a cura di Italo Borzi e Maria Argenziano, Biblioteca Economica Newton, Roma 1995.

Svevo, Italo, *Senilità*, Introduzione di Giuseppe Pontiggia, Arnoldo Mondadori Editore, Milano 1985.

Vivanti, Annie, *I divoratori*, a cura di Carlo Caporossi. Con uno scritto di Georg Brandes, Sellerio editore, Palermo 2008.

Opere narrative consultate

Aleramo, Sibilla, *Una donna*, Bemporad 1921.

D'Annunzio, Gabriele, *L'innocente*, a cura di Gianni Oliva, Biblioteca Economica Newton, Roma 1995.

Fogazzaro, Antonio, *Malombra*, Garzanti, Milano 1986.

Jolanda, *Dopo il sogno*, Cappelli, Bologna 1929.

Mura, *Confidenze e manie di donne*. Novelle, Sonzogno, Milano 1942.

Svevo, Italo, *Una vita*, Orsa Maggiore, Torriana (Fo) 1993.

Svevo, Italo, *La coscienza di Zeno*, Garzanti, Milano 1985.

Vivanti, Annie, *Racconti americani*, a cura di Carlo Caporossi. Con una nota di Anna Folli, Sellerio editore, Palermo 2005.

Vivanti, Annie, *Zingaresca*, Quintieri, Milano 1918.

Opere saggistiche consultate

Arslan, Antonia, *La galassia sommersa*, in Eadem (a cura di Marina Pasqui), *Dame, galline e regine. La scrittura femminile italiana tra '800 e '900*, Edizioni Angelo Guerini e Associati Spa / Guerini Studio, Milano 1998, p. 13-84.

Barilli, Renato, *La linea Svevo-Pirandello*, Mondadori, Milano 2003.

Barthes, Roland, *Le plaisir du texte*, Éditions du seuil, Paris 1973.

Benedetti, Laura, *The Tigress in the Snow. Motherhood and Literature in Twentieth-Century Italy*, University of Toronto Press, Toronto Buffalo London 2007.

Bianconi, Simona, *L'autobiografia italo-ebraica tra il 1848 e il 1922: memoria di sé, identità, coscienza nazionale*, ibidem, Stuttgart 2009.

Bordoni, Carlo, *Il romanzo di consumo. Editoria e letteratura di massa*, Liguori Editore, Napoli 1993.

Caporossi, Carlo, *Per rileggere Annie Vivanti a sessant'anni dalla morte*, in "Nuova Antologia", Anno 137°, Fasc. 2221, Gennaio-Marzo 2002, p. 269-292.

Caporossi, Carlo, Introduzione a Annie Vivanti, *I divoratori*, a cura di Carlo Caporossi. Con uno scritto di Georg Brandes, Sellerio editore, Palermo 2008, p. 7-21.

Carducci, Giosuè, *Liriche di Annie Vivanti – Milano, Treves, 1890*, in "Nuova Antologia", III Serie, XXVII (1890), p. 748-755.

Contini, Gianfranco, *Letteratura dell'Italia Unita 1861-1968*, Sansoni, Milano, II edizione, 1997.

Danelon, Fabio, *Il giogo delle parti. Narrazioni letterarie matrimoniali nel primo Novecento italiano*, Marsilio, Venezia 2010.

De Ceccatty, René, *Alberto Moravia*. Traduzione di Scipio Arecco. Con la collaborazione di Anna Gilardelli, Bompiani, Milano 2010.

Del Buono, Oreste, *Date & dati*, Saggio introduttivo a Achille Campanile, *Opere. Romanzi e scritti stravaganti 1932-1974*, a cura di Oreste del Buono, p. VII-X, Classici Bompiani, Milano 1997.

Didier, Béatrice, *L'écriture-femme*, Presses Universitaires de France, Paris 1981.

Escarpit, Robert, *Succès et survie littéraires*, in Idem (a cura di), *Le littéraire et le social. Élements pour une sociologie de la littérature*, Flammarion, Paris 1970, p. 129-163.

Frau, Ombretta, Fra la virago e la femmina: *emancipazione e etica del lavoro nelle eroine di Jolanda*, in "Quaderni d'italianistica", Vol. XXIX, n.1, 2008, p. 125-144.

Frau, Ombretta, *Sulla soglia dell'emancipazione: le letterate di Jolanda dalle Tre Marie alla Perla*, in Ombretta Frau, Cristina Gragnani, *Sottoboschi letterari. Sei case studies tra Otto e Novecento. Mara Antelling, Emma Boghen Conigliani, Evelyn, Anna Franchi, Jolanda, Flavia Steno*, Firenze University Press, Firenze 2011, p. 115-142.

Gioanola, Elio, *Pirandello, la follia*. Nuova edizione integrata con saggi su *Liolà* e *I sei personaggi*, Jaca Book, Milano 1997.

Giocondi, Michele, *Lettori in camicia nera. Narrativa di successo nell'Italia fascista*, Casa editrice G. D'Anna, Messina-Firenze 1978.

Gramsci, Antonio, *Letteratura e vita nazionale*, Editori Riuniti, Torino 1991.

Hubier, Sébastien, *Le roman des quêtes de l'écrivain (1890-1925)*, Editions Universitaires de Dijon, Dijon 2004.

Iovinelli, Alessandro, *L'autore e il personaggio. L'opera metabiografica nella narrativa italiana degli ultimi trent'anni*, Rubbettino Editore, Soveria Mannelli (Catanzaro) 2004.

Luperini, Romano, *Il Novecento – apparati ideologici ceto intellettuale sistemi formali nella letteratura italiana contemporanea*, tomo secondo, Loescher, Torino 1991.

Magny, Claude-Edmonde, *Lettera sul potere di scrivere*, edizione italiana, Medusa, Milano 2005.

Micali, Simona, *Ascesa e declino dell'"uomo di lusso". Il romanzo dell'intellettuale nella Nuova Italia e i suoi modelli europei*, Le Monnier Università, Firenze 2008.

Moloney, Brian, *Svevo, Flaubert e il bovarismo*, in Idem, *Italo Svevo narratore. Lezioni triestine*, Libreria Editrice Goriziana, Gorizia 1998, p. 63-74.

Montanari, Ugo, *Il tema del lavoro in Jolanda*, in Clemente Mazzotta (a cura di), *Jolanda: le idee e l'opera*. Atti del Convegno di studi. Cento, 28-29 novembre 1997, Editografica, Bologna 1999, p. 125-160.

Neri, Rossella, *La metanarrativa. Le teorie, la storia, i testi*, Dottorato di ricerca in letteratura e filologia. Indirizzo moderno-contemporaneo. Letterature comparate, XXI Ciclo, Università degli Studi di Verona. http://www.univr.it/documenti/AllegatiOA/allegatooa_02958.pdf, ultima visualizzazione: 12.12.2013.

Nozzoli, Anna, *Tabù e coscienza. La condizione femminile nella letteratura italiana del Novecento*, La Nuova Italia, Firenze 1978.

Onofri, Massimo, Introduzione a *L'amore coniugale*, Bompiani, Milano 2006, p. V-XV.

Perniola, Mario, *Il metaromanzo*, Silva Editore, Milano 1966.

Pischedda, Bruno, *Ritratti critici di contemporanei. Annie Vivanti*, in "Belfagor", anno XLVI, n. 1, 31 gennaio 1991, p. 45-64.

Rondini, Andrea, *Letteratura di massa. Letteratura di consumo*, eum X comunicazione, Macerata 2009.

Rössner, Michael, Postfazione a *Der Mann seiner Frau*, a cura di Michael Rössner, Propyläen, Berlin 2000, p. 361-373.

Siciliano, Enzo, *Moravia: rivolta ed esistenza*, Saggio introduttivo a Alberto Moravia, *Opere 1948-1968*, Classici Bompiani, Milano 1989, p. VII-XXII.

Terzi, Lodovico, Introduzione a Achille Campanile, *Il diario di Gino Cornabò*, bestBur Rizzoli, Milano 2012, p. 5-12.

Venturi, Gianni, *Serpenti e dismisura: la narrativa di Annie Vivanti da Circe a Naja tripudians*, in Emanuelle Genevois (a cura di), *Les femmes-écrivains en Italie (1870-1920): ordres et libertés*, Croniques Italiennes, nn. 39/40, 1994, Université de la Sorbonne, Paris 1994, p. 293-309.

Verdirame, Rita, *Narratrici e lettrici (1850-1950). Le letture della nonna dalla contessa Lara a Luciana Peverelli. Con testi rari e documenti inediti*, libreriauniversitaria.it Editore, Padova 2009.

Woolf, Virginia, *Una stanza tutta per sé*, Traduzione di Livio Bacchi Wilcock e J. Rodolfo Wilcock. Con uno scritto di Marisa Bulgheroni, I Classici, Feltrinelli, Milano 2011.

ibidem-Verlag
Melchiorstr. 15
D-70439 Stuttgart
info@ibidem-verlag.de

www.ibidem-verlag.de
www.ibidem.eu
www.edition-noema.de
www.autorenbetreuung.de

www.ingramcontent.com/pod-product-compliance
Lightning Source LLC
Chambersburg PA
CBHW070738230426
43669CB00014B/2490